LA

# MARMITE AUX LOIS

MONOGRAPHIE

**de l'Assemblée de Versailles**

1871-1873

**Par ASMODÉE**

PARIS
LIBRAIRIE ANDRÉ SAGNIER
9, RUE VIVIENNE, 9

1873

# PRÉAMBULE

Dans la cuisine législative on peut accommoder les mets à toutes sauces.

On y fait tout aussi bien les lois :

En faveur de l'instruction que contre l'instruction ;

En faveur du clergé que contre le clergé ;

En faveur de la République que contre la République.

Ce n'est qu'une question de thermomètre politique.

Le marmiton incline la cuiller à droite ou à gauche suivant la température du fourneau.

Mais ce n'est point là la seule raison qui nous a indiqué le titre de notre ouvrage.

En effet :

Il est de toute justice de reconnaître qu'aujourd'hui la nation française, au point de vue politique, se divise en trois classes bien distinctes :

Les députés,

Les candidats,

Les électeurs.

Aujourd'hui chaque jeune citoyen porte dans son panier d'école, entre la tartine de confiture et l'abécédaire, sa médaille de député — tout comme le soldat porte dans son sac son bâton de maréchal.

Simple électeur, le citoyen est curieux de savoir ce que ses représentants peuvent bien faire dans la Marmite législative — moins pour contrôler leurs actes que pour les imiter quand il sera nommé.

Candidat, il cherche déjà à étudier le jeu des ficelles parlementaires, à seule fin de fourrer tous les atouts dans sa main lorsqu'il siégera.

Député, il se perfectionne dans l'art de jouer à

la bascule et de la faire toujours pencher de son côté.

Mais où trouver tous ces précieux renseignements ?

Où apprendre tous ces us et coutumes?

Où voir réunies, condensées, coordonnées toutes ces scènes de la vie législative ?

C'est ici que la nécessité de la *Marmite aux lois*, qui se faisait visiblement sentir, apparaît claire à tous les yeux.

La *Marmite aux lois* peut être consultée avec fruit également par les députés, les candidats et les électeurs.

Elle apprendra aux électeurs les divers degrés de cuisson que subissent les lois avant de sortir de la marmite.

Elle initiera les candidats à la manière de préparer les sauces.

Elle indiquera aux députés leurs travers, leurs erreurs, leurs bévues et les perfectionnements qu'ils peuvent apporter dans leur manière d'opérer.

La *Marmite aux lois* sera à la politique ce que la *Cuisinière bourgeoise* est à l'art culinaire.

La *Marmite aux lois* peut devenir le vade-mecum de l'homme politique et de celui qui aspire à l'être ;

Elle peut devenir un petit *manuel Roret* à l'usage des gens du monde ;

Elle peut devenir un livre classique, être autorisée par M. Jules Simon dans les écoles, figurer avec avantage dans les programmes officiels d'examen ;

Elle peut faire très bonne contenance sur la table de nuit de nos élégantes qui, par ce temps de politique, commencent à délaisser sensiblement *Madame Vénus* et la *Femme de feu ;*

Elle peut.....

Elle peut..... avoir du succès.

**ASMODÉE.**

# LIVRE PREMIER

---

# CE QUE L'ON VOIT

# CHAPITRE I.

## COMMENT ON ENTRE A L'ASSEMBLÉE.

La distribution des billets. — Les marchands de contre-marques. — Les Journalistes. — La Loge diplomatique. — Les Billets des députés. — Comment madame Belle-Etoile a une entrée permanente. — Les Loges grillées. — Profil de la grande figure de môôssieu Bescherelle.

—◇◇—

On entre à l'Assemblée comme on entre au théâtre : de diverses manières.

Certaines personnes s'imaginent que l'article de la Constitution qui proclame la publicité des séances est appliqué à la lettre, et qu'il suffit de se présenter à la porte de l'Assemblée pour obtenir une entrée. Quelle erreur !

Oui, il suffit de faire queue dans la *Cour du Maroc*, (à Versailles, Seine-et-Oise, rue des Réservoirs, 2e porte à gauche), pour obtenir un billet. Mais... à une condition .... c'est qu'on tiendra la tête de cette

1.

queue. Quinze billets seulement, (pas un de plus, plutôt un de moins), sont en effet distribués tousles jours aux malheureux qui, les pieds dans la boue, les vêtements détrempés par la pluie, attendent avec une patience, qui souvent n'a rien d'angélique, l'autorisation de pénétrer dans la grande manufacture de lois.

---

Cependant il ne conviendrait point de s'apitoyer outre mesure, lecteur sensible, sur les braves gens qui, ne redoutant pas les intempéries de la saison, stationnent ainsi de longues heures, quelquefois la nuit entière. Leur persévérance a sa raison d'être et, s'ils affrontent fluxions, corizas et toutes les maladies qui vivent à l'état latent dans l'air de Versailles, c'est qu'ils y trouvent, croyez-le bien, leur intérêt.

Jetez, en effet, sur cette queue un coup d'œil attentif. N'y reconnaissez-vous point, si le hasard vous a fait avoir quelques rapports avec ces honorables industriels, plus d'un vendeur de contremarques ?

D'où la deuxième manière d'entrer à l'Assemblée. — Faire queue vous effraye. — Passez donc, monsieur, à l'*Office du théâtre*. Plus cher qu'au bureau cependant, car le noble vendeur de contremarques vous fera payer, suivant l'intérêt de la séance, le service qu'il vous rend.

L'Office du théâtre se tient à Versailles, rue des Réservoirs, aux alentours de la porte du Maroc, et les affaires se traitent plus spécialement à l'amiable chez le marchand de vin « au *Petit-Bacchus* » qui a l'honneur de faire vis à vis à la représentation nationale.

Si ce renseignement peut vous être utile, prenez-en bonne note. Mais marchandez ferme, sans crainte et sans honte. Croyez-en notre vieille expérience.

Mais, dites-vous, je ne veux employer ni l'un ni l'autre de ces moyens. Je ne veux ni m'enrhumer, ni payer. Je veux entrer librement puisque les séances sont publiques, et sans bourse délier puisqu'elles sont gratuites.

Oh! alors, c'est bien différent. Si vos prétentions sont tellement exorbitantes, l'affaire se complique.

Etes-vous journaliste, ambassadeur, conseiller d'Etat?

Etes-vous militaire?

Etes-vous membre du clergé?

Etes-vous ancien député?

Etes-vous membre du Conseil municipal de Versailles?

Ou simplement n'êtes-vous rien du tout?

Car pour chacun de ces cas, on entre d'une manière différente.

—<>—

Ici, comme au théâtre, les privilégiés sont les journalistes. Ils entrent plus facilement même que les ambassadeurs, par la raison bien simple que quelquefois ils cumulent les deux fonctions.

Une magnifique tribune, flanquée de deux annexes, leur est réservée. Cette tribune est située au deuxième rang, juste en face le fauteuil du Président. Elle contient cinquante places qui sont partagées entre les différents journaux de Paris par les soins du syndic de la presse parisienne, M. Janicot. C'est lui qui a la police de la tribune, et c'est à lui que doivent s'adresser les ayants droit.

Des deux annexes, celle de droite est réservée à la presse étrangère et contient huit places, celle de gauche appartient à la presse départementale, et renferme douze places.

La presse étrangère et la presse départementale sont également constituées en syndicat : la première sous la présidence de M. Crawford, la seconde sous la présidence de M.

Que si par un de ces coups de hasard, assez fréquents au jour où nous vivons, vous vous réveillez un beau matin ambassadeur de France à Rio de Janeiro, à Stockolm, ou Consul général à Pesth ou ailleurs, votre première idée est évidemment de quitter votre poste. Vous chargez, le plus naturellement du monde, un secrétaire quelconque d'expédier la besogne, et vous venez à Versailles graviter dans les rayons d'or du soleil gouvernemental.

L'envie vous prend, sans nul doute, d'assister à la séance de l'Assemblée. Vous entrez. — *Qui êtes-vous?* — *Ambassadeur!* — Oh!.. les portes s'ouvrent à tous battants. Nul ne s'étonne de voir un ambassadeur français à Versailles, mais bien au contraire chacun le félicite, et c'est avec tous les honneurs dûs à un aussi zélé fonctionnaire qu'on l'introduit dans la loge diplomatique.

Cette loge se trouve précisément au-dessous de la tribune des journalistes. Elle est réservée à tous les gros bonnets du monde diplomatique, et à quelques-uns de celui qui ne l'est pas. Elle renferme vingt-huit places, véritables fauteuils de balcon, et distribués par les soins du ministre des affaires étrangères. C'est dans cette tribune que madame Rattazzi vient briller quelquefois à côté des ambassadeurs japonais ou birmans qui lui servent de repoussoir.

Est-on officier supérieur, on a, à droite de cette loge, une tribune de huit places réservées aux plus grosses d'entre les graines d'épinards.

Etes-vous ancien député, passez à gauche et entrez dans la loge qui est spécialement réservée aux grands débris de toutes les assemblées. Là, vous pourrez voir M. Glais-Bizoin qui se mord à tout instant la langue pour ne point interrompre, ou M. Guyot-Montpayroux méditant une intrigue ou guettant un consulat, et la kyrielle des anciens qui murmurent *in petto :* « O neiges des candidatures officielles, où êtes-vous? Admirable époque, qu'es-tu devenue? Hélas! hélas! »

De chaque côté de ces loges spéciales se trouvent un certain nombre de fauteuils réservés aux amis des ministres, des présidents, vice-présidents, questeurs et secrétaires de la Chambre, aux membres du Conseil d'Etat, du Conseil municipal de Versailles et du clergé.

Si donc vous n'êtes point au nombre des privilégiés que nous venons d'énumérer, si vous n'êtes rien qu'un simple citoyen, ce qui est déjà quelque chose, vous n'avez qu'une ressource, c'est de vous adresser à un député. Encore faut-il que ce député ait des billets pour ce jour-là précisément, car ce serait une erreur de croire qu'ils n'ont qu'à vouloir pour faire entrer leurs amis. Un nombre limité de places : soixante-dix de premier rang, quatre-vingt-six de deuxième rang et seize des tribunes et avant-scène des secondes forment journellement le lot des honorables. Ces billets leur sont distribués par les soins de la questure suivant un tableau de roulement qui attribue à chaque député deux billets de premier rang tous les vingt-un jours, deux billets de deuxième rang tous les dix-huit jours et toutes les quatre-vingt-douze séances, deux billets d'avant-scène des secondes.

Madame Belle-Etoile fréquente assidûment depuis quelques années le monde des députés. Elle s'y est créé de nombreuses relations à droite, à gauche et même au centre. Chaque jour, dans la liste des membres qui ont droit à des entrées, elle rencontre un ami au moins, car elle en a beaucoup, et lui demande ses billets. D'ailleurs, comme la galanterie française n'a pas encore abandonné totalement l'enceinte législative, il ne manque pas de jeunes députés qui, papillons chevaleresques, savent prévenir les désirs de madame Belle-Etoile. On dit même qu'il s'est établi entre eux une véritable lutte, courtoise d'ailleurs; chacun veut être le premier à déposer, aux pieds de la mignonne Belle-Etoile, les billets dont il dispose.

—◊—

Néanmoins, si le député auquel vous vous adressez n'a point de billets, il lui reste la suprême ressource de vous faire monter dans les loges grillées. *Au Paradis?* — Non point, mais bien au Purgatoire; car c'est une vraie pénitence que passer-là deux heures. Ces loges grillées sont étroites, obscures, et la chaleur y est torride. Pour apercevoir un lambeau de la salle des séances, il faut s'entasser les uns sur les autres. Et cependant des députés y conduisent quelquefois leurs femmes lorsque, la séance promettant d'être intéressante, ces dames insistent trop vivement pour y assister. — *Ah! tu veux voir la séance ? Eh! bien viens.* Et il conduit madame dans les loges grillées!... Mais comme madame doit bien se venger le soir, rentrée au logis!

Ces loges grillées renferment environ cinquante places, et sont entièrement à la disposition du président. Pour obtenir une entrée, le député doit signer sur un registre et y mettre le nom de la personne qu'il fait monter. Le règlement le dit du moins, mais nous croyons bien que ce registre est encore dans les limbes. Ces précautions ont paru nécessaires, étant donnée l'obscurité qui règne dans ces loges où toute surveillance est impossible.

—◊—

Mais, dites-vous, je ne connais point de députés. Je ne puis employer le système de madame Belle-Etoile, ni prendre l'héroïque résolution de demander une place dans le purgatoire des loges grillées.

Oh ! alors, si vous n'êtes rien, absolument rien, si vous n'avez aucune recommandation, aucun titre de servilité qui militent en votre faveur, oh ! alors, il vous faut prendre une énergique décision.

— Si par hasard vous avez un bel habit noir, endossez-le prestement.

— Mais pourquoi ?

— Attendez. Avez-vous des gants, aussi gris perle que possible ?

— Oui, mais... ?

— Enfilez-les. Là, bien. Maintenant, tenez respectueusement votre chapeau à la main. Que votre allure soit timide, votre attitude respectueuse. Courbez l'échine... Vous êtes en présence de l'illustre Bescherelle.

— Oh ! le fameux auteur du dictionnaire ?

— Non, pas précisément. Notre Bescherelle n'a de commun avec celui dont vous parlez que l'orthographe, dans le nom bien entendu, et point dans le style, car le sien est déplorable.

— Mais, alors... pourquoi ?

— Demandez bien respectueusement à Bescherelle une entrée pour la séance. S'il a loisir, il vous écoutera, sinon, il vous fera flanquer à la porte. Tentez la fortune néanmoins, c'est votre dernière chance de salut.

Bescherelle est une des grandes figures de l'Assemblée. Tous ceux qui fréquentent assidûment les séances le connaissent. Il est le grand dispensateur des entrées. Il fait le soleil et la pluie. Les ministres lui parlent chapeau bas.

— Et, c'est... ?

— Le premier garçon...

— Ah!...

## CHAPITRE II.

### LA SALLE DES SÉANCES.

1. — LES TRIBUNES.

Femmes, enfants, poupées. — Le public permanent : les journalistes, les futurs candidats, les femmes qui s'occupent de politique. — Le public flottant : les parents de province, les électeurs naïfs. — Des costumes que l'on voit dans les tribunes. — Les jours de premières à Versailles : grandes dames, cocottes et petits crevés.

2. — LE PARTERRE.

L'océan des crânes dénudés. — Comment s'habillent les députés. — Pourquoi quelques-uns sont en habit noir. — M. X..... — M. Laboulaye. — M. Chaurand. — M. Gambetta. — M. Pory-Pappy. — M. Littré. — La droite et la gauche. — Les bancs des commissions. — Le banc du gouvernement.

3. — LA SCÈNE.

Le fauteuil présidentiel. — La sonnette. — Des diverses manières de sonner. — Les secrétaires. — M. Maurel-Dupeyré. — M. Lagache. — M. Valette. — La tribune et son prétendu marbre. — Les sténographes, les secrétaires rédacteurs. — La foule. — Les huissiers et leur chef. — Les hommes de service et leur maître. — Encore Môôssieu Bescherelle.

L'ancien opéra du château de Versailles sert maintenant de salle des séances.

Mais on n'y joue plus des opéras.

De l'époque de Louis XV il ne reste que les dorures un peu fanées, les glaces un peu ternies et le blason fleurdelisé qui s'étale pompeusement au-dessus de la scène (1).

## I. *Les tribunes.*

D'ordinaire l'aspect des tribunes manque de gaieté. Ce ne sont que robes de couleurs foncées, chapeaux simples, mantelets sévères...

— Comment ! les dames assistent aux séances?

— Mais certainement, et même elles y mènent leurs enfants.

---

(1) La salle où se passe le spectacle fût commencée en 1753, sur les dessins de l'architecte Gabriel et achevée en 1770. Elle fut inaugurée le 17 mai de cette année par les fêtes du mariage du dauphin Louis avec Marie Antoinette. Le premier opéra qui y fut représenté fut *Persée*, de Quinault pour les paroles et de Lulli pour la musique. Deux jours après, on donna un grand bal paré ouvert par le Dauphin et la Dauphine, et le 23 du même mois, *Athalie* avec les chœurs exécutés en musique. Le mois suivant on y joua l'opéra de *Castor et Pollux* et les tragédies de *Tancrède* et de *Sémiramis* par Voltaire. En 1771, pour le mariage du comte de Provence, plus tard Louis XVIII, représentation de l'opéra de la *Reine de Golconde* le 17 mai, bal paré le 20, ballet héroïque des *Projets de l'Amour* le 29, et représentation de la tragédie de *Gaston et Bayard* le 31. En 1773, pour le mariage du comte d'Artois, plus tard Charles X, représentation de l'opéra d'*Isménie* le 18 novembre, et bal paré le 9 décembre. En 1777, pendant le séjour de l'empereur Joseph II, représentation de l'opéra de *Castor et Pollux*. Le 30 janvier 1782, bal paré et masqué, donné par les Gardes du Corps à l'occasion de la naissance du Dauphin. Le 1er octobre 1789, banquet offert par les Gardes du corps aux officiers des régiments d'infanterie de Flandre et des Trois Evêchés et aux officiers de la garde nationale de Ver-

— Leurs enfants?...

— Et pourquoi non, puisque ceux-ci y conduisent quelquefois leurs poupées.

Le public qui assiste aux séances de l'Assemblée se divise en deux classes : le public permanent qui vient comme :

Les journalistes, — par métier.

Les futurs candidats, — pour y faire leur apprentissage.

Les femmes, — par curiosité.

Celles-ci forment la catégorie la plus nombreuse. Elles s'habillent pour venir à la séance, après dé-

sailles. Le roi et la reine accompagnés du dauphin et de sa sœur, se montrèrent dans la loge royale et vinrent ensuite sur la scène où ils firent le tour de la table. L'orchestre joua : *O Richard, ô mon Roi!...* C'est à la suite de ce banquet que Louis XVI fut obligé de quitter Versailles le 6 octobre suivant.

Depuis, la salle de spectacle du château n'a plus servi que deux fois : le 10 août 1837, à l'occasion de l'inauguration du Musée de Versailles. Devant Louis-Philippe et sa famille, on joua le *Misanthrope* et des fragments de *Robert le Diable*. Enfin, le 25 juillet 1855, jour de la fête offerte par Napoléon III à la reine d'Angleterre, la salle de spectacle fut destinée au souper qui termina cette fête.

jeuner, par habitude, comme on prend son café. Il y en a certaines qui viennent tous les jours, ne manquent jamais une représentation et pourraient, pour la science de l'ordre et de la marche des travaux législatifs, rendre des points à plus d'un député. Elles connaissent chaque représentant, prennent plaisir à le désigner par ses noms, prénoms, son âge, son département, aux voisines qui, moins favorisées, viennent seulement par hasard. Et le soir, au dîner, elles vantent le discours de M. X..., blâment la proposition de loi de M. Z..., et, même sur l'oreiller conjugal, parlent à leur mari du rapport de M. Y..., de l'altercation qui a eu lieu entre A... et B... et s'endorment bercées par les doux souvenirs de la sonnette du président, des interruptions de M. de Saisy, des sermons de M. Jean Brunet, et des catilinaires de Mgr Dupanloup. Et si monsieur trouve que madame néglige un tantinet les soins du ménage pour se donner ainsi corps et âme à la politique, madame lui clot la bouche avec ce seul mot : « *Taisez-vous, ou je vous fais nommer député !* » Devant une telle menace, il n'y a rien de mieux à faire qu'à obéir : monsieur se tait et madame recommencera demain ce qu'elle a fait aujourd'hui. Heureux ménage !

La seconde classe est composée du public flottant

qui vient là par hasard, en passant, « *pour voir l'Assemblée.* »

Il y a d'abord tout le ban et l'arrière-ban des oncles, tantes, neveux, cousins, petits-cousins qui arrivent du fond de leur province pour voir *leur parent le député.*

Celui-ci, obsédé tous les jours par de semblables visites, les reçoit en grommelant, en *bourdonnant*, comme on dit dans le peuple, et s'en débarrasse en les fourrant le plus vite possible dans les loges grillées.

Le lendemain, quand ce clan familial reprend le chemin de la province, il raconte à qui veut l'entendre l'excellent accueil qu'il a reçu de *son parent le député !* quels égards on a eu pour lui ! comme il était bien placé ! — le tout agrémenté par les toussements d'un rhume affreux qu'il a attrapé dans les loges grillées.

Il y a ensuite les électeurs naïfs qui viennent demander à leur député un appui, une recommandation. « *J'ai voté pour vous.* » — *Oui, avec trente-cinq mille autres,* pense à part le député. Néanmoins il promet tout, et, en vue de sa candidature future, ne refuse jamais rien. Il prend le placet ; il s'en occupera. L'électeur se retire enchanté, le député le salue et n'y pense plus.

Tout ce qui reste des costumes pittoresques de notre vieille France est représenté journellement dans les tribunes. Le bonnet cauchois y coudoie le béret basque. La veste bretonne donne la main à la blouse normande.

On y voit aussi le zouave pontifical, la sœur de charité, le prêtre italien, l'évêque *in partibus*. Mais principalement les jours où Mgr Dupanloup doit parler.

La question militaire est-elle à l'ordre du jour, ce ne sont que képis, galons, épaulettes.

Mais lorsque l'on discute une question ouvrière, on ne voit pas dans la salle plus d'ouvriers qu'en temps ordinaires. Ceux-ci travaillent et n'ont point de temps à perdre.

Tel est généralement l'aspect des tribunes. Mais lorsqu'à l'ordre du jour il y a une question importante, c'est-à-dire fertile en incidents, en orages parlementaires, oh ! alors l'aspect est tout différent. On dirait une salle des premières dans nos théâtres les mieux hantés. Les toilettes étincelantes jettent un brillant éclat dans la salle. Madame a réuni, deux jours avant, sa modiste, sa couturière ; il lui faut un chapeau nouveau, une robe à la dernière mode. Elle veut rivaliser avec la duchesse de ci..., la marquise de là... Elle veut briller et, si faire se peut, éclipser toutes ses rivales. Les grandes dames du noble faubourg Saint-Germain se trouvent alors sur le même rang que les cocottes en renom, les actrices des théâtres de genre. Mais n'importe, c'est une première.

Les gilets à cœur ne manquent point, et toute la famille des grands et des petits crevés se trouve là réunie pour lorgner Biche-en-Bois, agacer Peau-de-Satin. Ni les uns ni les autres ne comprennent un traître mot du sujet que l'on discute. Mais n'importe, c'est une première.

Il est de bon ton d'y aller.

C'est devant ce public que se discutent les intérêts de la France.

—◇◇—

## II. *Le parterre.*

C'était là jadis où trônaient le roi, la reine et toute la cour.

Les jours de gala on ne voyait au parterre qu'habits bleus, rouges, verts, que paillettes d'or, qu'épées aux poignées étincelantes; diamants, rubis, scintillaient aux mille feux des lustres. Le mousquetaire roucoulait auprès de la marquise, et plus d'une intrigue naissait là qui allait se dénouer sous les bosquets du parc.

Splendeurs d'antan où êtes-vous?

Hélas! vous êtes remplacées par sept cent cinquante affreux costumes du dix-neuvième siècle; pantalons, gilets, habits, redingotes, jacquettes et vestons!

Et ces immenses perruques du temps jadis, qui tombaient flottantes sur les épaules et encadraient si finement le visage. Hélas! disparues elles aussi.

La forêt de cheveux a fait place à un océan de crânes.

Ces crânes, plus ou moins dénudés, sont les sommets des têtes des représentants.

C'est au parterre, en effet, que se tiennent les députés.

Comme ils n'ont point de costume officiel, ils s'habillent des vêtements les plus disparates. Chacun suivant son goût ou sa fortune.

En voici un certain nombre en habit noir. Ce sont ceux qui ce soir iront à la réception de M. Thiers ou du Président de l'Assemblée et qui n'ont point envie de changer deux fois de costume en une journée.

Celui-ci que vous voyez toujours dans un costume déplorablement fané, un vieux madras autour du col, un chapeau graisseux, c'est le représentant d'un des départements du... C'est un homme qui a toujours brillé par le nom plutôt que par la toilette.

Ce qui d'ailleurs n'ôte rien à son mérite qui est grand.

Celui-là, la redingote noire boutonnée jusqu'au col, les cheveux longs et rejetés en arrière, le front découvert, à l'aspect d'un quaker et à la démarche d'un puritain, c'est l'honorable M. Edouard Laboulaye.

Et cet habit bleu barbeau, à boutons d'or, d'où émerge une tête légèrement colorée et recouverte de cheveux blancs comme neige? — C'est un baron du pape : M. Chaurand, le député de Lyon qui a témoigné sa reconnaissance à ses électeurs en faisant supprimer leur mairie centrale.

Voici au milieu de la travée de gauche M. Gambetta. Il est étendu plutôt qu'assis. La tenue laisse un peu à désirer. Mais comme il sait bien porter la tête rejetée en arrière ! comme il appuie fièrement les coudes sur le dossier du banc ! Il y a foule autour de lui. Chacun vient lui demander un avis, un conseil. Il répond à tous à la fois, et trouve néanmoins le temps de suivre la discussion et d'y lancer à brûle-pourpoint une interruption qui déconcerte ses adversaires.

Ce nègre, enveloppé de deux ou trois paletots et le cou entouré d'un cache-nez à carreaux noirs et blancs, c'est l'honorable M. Pory-Pappy, député de la Martinique.

Celui-ci, entouré de livres, de brochures, de journaux, semble indifférent à ce qui se passe dans la salle. Il dévore plutôt qu'il ne lit. Une brochure succède à une brochure, le journal remplace le livre qui vient ensuite remplacer le journal. Il ne fait que lire, prendre des notes, écrire : c'est l'honorable M. Littré, l'homme le plus laid de France, mais aussi le plus savant.

Vouloir énumérer tous les types nous entraînerait trop loin. Chaque député est un type. Nous noterons les plus originaux au passage.

Le parterre est divisé en trois travées.

La *gauche* siége à la travée qui est à la gauche du Président. La *droite* de l'autre côté et le *centre* au milieu.

Avant les travées et plus près de la scène se trouvent à droite et à gauche les bancs réservés aux membres des commissions. Ce qui permet aux commissaires de ne point être obligés de traverser toute la salle pour monter à la tribune défendre leurs rapports. Le président de la commission occupe toujours la première place du banc, celle qui est le plus près de la tribune.

Deux petits bureaux en acajou séparent les bancs des commissions de droite de ceux de gauche et se trouvent placés juste en face la tribune. Ce sont les places réservées aux membres du gouvernement. Là siégent les ministres. C'est là aussi que se tient M. Thiers lorsqu'il assiste à la séance.

## III. *La Scène.*

La scène est occupée par le bureau de l'Assemblée et la tribune.

Sur une vaste estrade qui prend toute la longueur de la scène, se dresse le fauteuil présidentiel. Il a la forme d'une chaise curule et est en acajou incrusté de bronze doré. Le bureau du président est de même. Sur le bureau, la traditionnelle sonnette. C'est un petit bourdon d'environ quinze centimètres de diamètre, soutenu sur deux barres de fer fixées au bureau et que l'on met en branle au moyen d'un levier.

La sonnette joue un grand rôle dans les discussions parlementaires, — et pour cause, — aussi a-t-elle un langage particulier, une langue à elle, que tout bon député doit comprendre. Chaque président d'ailleurs a son coup de sonnette : M. Grévy l'avait bref, saccadé, froid, sec. Il semblait être un écho de son caractère. M. Buffet, tout au contraire, sonne d'une manière longue, filandreuse, hésitante, ne semblant dire ni oui, ni non. M. Grévy ne sonnait qu'à bon escient. Il ne multipliait point les sonneries et, par cela même, leur donnait plus d'autorité. M. Buffet sonne à tout bout de champ, le plus souvent sans motifs sérieux. Espérons cependant qu'il se fera la main et qu'il s'est fait donner quelques répétitions pendant les vacances de l'Assemblée.

Sur l'estrade, à droite et à gauche du président, mais plus bas que lui, se tiennent les secrétaires. Ils sont au nombre de six, trois de chaque côté.

Ce sont, en général, les plus jeunes membres de l'Assemblée.

Ils sont chargés de rédiger le procès-verbal, de le lire, et d'assister le président pour la constatation des votes.

—◇—

A la gauche de l'estrade, occupant la dernière place, se trouve le chef des secrétaires-rédacteurs, M. Maurel Dupeyré.

De l'autre côté, à droite, le chef du service sténographique, M. Célestin Lagache.

—◈—

Derrière le président, un petit bureau où se tient le secrétaire général de la présidence, l'honorable M. Valette, qui depuis vingt ans a vu se succéder bien des présidents ! Il connaît jusque dans leurs plus profondes arcanes les us et coutumes parlementaires. C'est le règlement fait homme.

—◈—

Devant l'estrade, juste en face le bureau présidentiel, se trouve la tribune.

On y monte par un double escalier de six marches à droite et à gauche — sage précaution ! qui permet aux adversaires politiques de ne point se rencontrer et de se borner au pugilat des idées et des mots, sans passer aux voies de fait.

— Est-elle en marbre de Paros, cette tribune ? ou en marbre de Corinthe ?

— Comment, en marbre ?

— Mais oui, puisqu'on lit dans les journaux que lorsque M. Thiers parle et qu'il n'est pas content, il frappe avec force le marbre de la tribune !

— Erreur ! La tribune est tout vulgairement en acajou et elle ne possède aucune plaque de marbre qui puisse la faire ressembler à une table de café ou à une table de dissection.

Le marbre de la tribune est une locution proverbiale, mais c'est tout.

A droite et à gauche de la tribune, sur de petites planchettes, les sténographes viennent saisir au vol la parole des députés.

Plus loin, sur des tables recouvertes en velours vert, ce sont les secrétaires-rédacteurs qui résument les discours.

Les bas côtés de la scène sont remplis d'une foule de députés qui entrent, sortent, stationnent; des secrétaires des commissions; des délégués des ministères, et d'un tas de petits jeunes gens qui, attachés de plus ou moins loin aux membres du gouvernement, encombrent les passages, sont fort gênants et, quoique très-infatués de leur maigre personnalité, nullement utiles à la fabrication des lois.

Voici devant la tribune, sur des siéges recouverts en cuir rouge, les huissiers de l'Assemblée.

Ils sont en grande tenue, pantalon noir, habit

noir à collet droit, l'épée au côté et la chaîne d'acier au col.

Ce sont des personnages importants. Ils sont chargés du service de la salle des séances et sont en rapport direct avec les députés.

Voici leur chef. Son habit est chamarré d'argent au collet et aux manches. Son épée est magnifiquement ornée. La poignée est en nacre incrustée d'argent. Il resplendit. Il est superbe. On voit qu'il est le serviteur d'une grande nation qui ne lésine pas sur les frais d'habillement.

Autrefois le poste d'huissier auprès du Corps Législatif était fort recherché. On ne le confiait qu'à des hommes capables et instruits. Il fut même un temps où l'on ne prenait pour huissiers que des anciens officiers de l'armée.

Mais tout change ici-bas. Aujourd'hui il n'en est plus de même, et le premier venu, pourvu qu'il soit chaudement recommandé, peut devenir huissier à l'Assemblée.

A côté des huissiers vous voyez les hommes de service de l'Assemblée : pantalon bleu, gilet rouge, habit bleu à collet rouge.

Ils sont chargés des rapports entre la salle des séances et l'extérieur.

Ils sont sous la dépendance directe de môôssieu

Bescherelle, que nous avons eu l'honneur de vous présenter au chapitre précédent.

Le voici : *Evohe Bacche! Ecce Deus !* voici Bescherelle : habit noir à col rabattu, gilet noir, pantalon noir, cravate blanche, rien ne manque à sa toilette... Deux énormes palmes de lauriers, brodées en or, s'étalent aux parements de l'habit. Il porte la casquette de drap plate toute chamarrée de palmes d'or. De loin, on jurerait un chef de gare...

Voyez avec quelle vigilance il surveille l'empilement du public dans les tribunes, comme il sait braquer son lorgnon (car il a un lorgnon tout comme un parfait gentleman), et avec quel geste plein d'autorité il distribue ses ordres aux hommes de service.

Bescherelle sort. Messieurs les députés s'effacent pour le laisser passer. Il incline légèrement la tête et passe.....

Maintenant que vous avez vu le théâtre, nous allons lever le rideau et vous faire voir la comédie.

# CHAPITRE III.

## LA SÉANCE.

I. — L'OUVERTURE.

Comment le Président monte au fauteuil. — Comment les huissiers ramènent les députés à la salle des séances. — La lecture très-intelligible du procès-verbal. — Défilé des dépôts des propositions, projets de loi, rapports.

II. — LA DISCUSSION.

1. Comment on monte à la tribune et comment on s'y tient. — Le député timide. — Celui qui ne l'est pas. — Pourquoi tant d'orateurs se révèlent-ils à la fin des sessions. — De la tête que font quelques députés à la tribune. — Du rôle important du faux-col et de la manchette dans l'art oratoire. — Du traditionnel verre d'eau qui n'en est pas. — Le café de M. Thiers.
2. Comment on parle à la tribune. Les conférenciers, les orateurs, les lecteurs. — Folies-Dramatiques et Ambigu. — Le langage parlementaire. — De quelques articles du règlement. — Les punitions. — Le chapeau du Président.
3. Comment on est écouté. — Un article du règlement qui est bien observé. — Bavardy l'interrupteur. — Le feu roulant des interruptions. — Les personnalités. — Les applaudissements. — Les signes d'improbation. — Égalité de l'éloquence et de la platitude devant le compte rendu. — La clôture! la clôture!

III. — LE VOTE.

Par assis et levé. — Au scrutin public. -- Au scrutin secret.— Validité des votes. — Des absents sans congé. — Du peu de dangers que l'on court à s'absenter sans congé. — Des absents avec congé. — Des députés ambassadeurs. — Les intérêts du département et les intérêts de la France. — Petite nomenclature édifiante.

## I. L'OUVERTURE.

L'ouverture de la séance est le plus souvent fixée à deux heures de l'après-midi. Mais ce serait miracle que la voir commencer à cette heure. Il faut bien laisser aux représentants le temps d'arriver, de prendre langue, de nouer ou de dénouer quelque intrigue.

Un détachement de la garde du palais se rend devant le cabinet du Président et forme la haie dans la galerie. Deux huissiers en frac noir, la chaîne d'acier au col, l'épée à poignée argentée au côté, paraissent annonçant : *Monsieur le Président !* Chacun se découvre, et le Président sort accompagné de trois des secrétaires au moins. A quelques pas derrière lui on voit venir son secrétaire général, M. Valette, s'avançant d'un pas lent, sage, mesuré et encore alourdi par l'énorme portefeuille qu'il tient sous le bras et qui renferme les matériaux du drame ou de la comédie que l'on va jouer. Les tambours battent aux champs. *Présentez armes, portez armes... arrche!* Et le cortége traverse les galeries du Palais pour se rendre à la salle des séances.

Le Président monte au fauteuil. Les secrétaires viennent prendre leur place au-dessous de lui. Les bancs des députés sont encore vides. A peine aperçoit-on quelques groupes disséminés çà et là. C'est alors que les huissiers, avec un zèle et une intelligence qui honoreraient de fidèles chiens de berger, commencent à exécuter mille courses, à inventer mille ruses pour ramener (c'est le terme propre) les députés à la salle des séances. *En séance, Messieurs! en séance! le Président est au fauteuil!*

Lentement, bien lentement, la salle se garnit au milieu d'un brouhaha indescriptible. Les députés entrent : ils continuent avec animation les conversations déjà entamées. Les sérieux s'interpellent, les galants, jeunes et vieux, lorgnent les tribunes, apprécient les visages, estiment les toilettes. D'autres montent au fauteuil présidentiel, s'y accoudent et font un petit bout de cour au Président. Les uns s'informent des nouvelles du jour, des cancans, des tripotages, de tout ce qui constitue la politique en un mot. Les autres câlinent le rigide Président. Il s'agit d'obtenir une entrée pour un ami, un parent, un électeur influent qui arrivent de province, ne font que passer un jour à Versailles, etc. A les entendre, leurs raisons sont toujours bonnes. L'excellent M. Grévy, avec un flegme admirable leur accordait, sans sourciller, leurs demandes lorsque cela était en son pouvoir.

Enfin l'hémicycle est à peu près rempli, et le Président donne la parole à l'un des secrétaires pour lire le procès-verbal de la séance précédente.

Cette lecture est faite au milieu de l'inattention générale, et non moins bien entendue que ne le sont d'ordinaire les paroles de M. Élie de Beaumont lorsqu'à l'Académie des Sciences, il donne le résumé de la correspondance. C'est là d'ailleurs une tradition fidèlement conservée dans les assemblées parlementaires où jamais, de mémoire de député, on n'a pu saisir deux mots intelligibles dans la lecture du procès-verbal. Et cependant cette lecture se continue et se continuera longtemps encore, car elle permet aux rectifications de se produire. Chaque député, dès le matin, reçoit à domicile, aux frais de la nation, le *Journal Officiel*, ou du moins devrait le recevoir, car la ponctualité est une vertu avec laquelle on semble un peu brouillé au quai Voltaire. Si les paroles qu'il a prononcées dans la séance précédente ne sont point fidèlement rapportées, ou bien s'il croit devoir demander certaines explications sur un passage quelconque de la séance, il peut prendre la parole à ce sujet après la lecture du procès-verbal. Ces rectifications sont souvent fertiles en incidents bruyants et animés qui font la joie du public des tribunes.

Le procès-verbal, lu et adopté, est signé par le président et deux secrétaires au moins et envoyé aux archives où il dormira dans la poussière à côté de ses aînés.

L'on voit ensuite défiler à la tribune, avec une monotonie désespérante, des ministres, des députés, qui déclarent uniformément : *avoir l'honneur de déposer sur le bureau un projet de loi, ou une proposition ou un rapport.*

Si l'Assemblée n'en réclame point la lecture immédiate, le ministre ou le député présente au Président le projet de loi ou le rapport. Le Président le prend et prononce les paroles sacramentelles : *Le présent projet de loi sera imprimé et distribué.* Puis il le passe à son secrétaire général qui est chargé de faire exécuter cette décision.

—◇◇—

## II. LA DISCUSSION.

### 1. — Comment on monte à la tribune et comment on s'y tient.

Le Président se lève ensuite, agite sa sonnette et dit : *L'ordre du jour appelle la discussion sur... La parole est à M. X...,* puis il se rassied.

Pendant que les huissiers réclament de leur plus belle voix le silence, on aperçoit M. X..., portant précieusement une énorme liasse de papiers, gravir les degrés de la tribune et sa silhouette se dessiner au-dessous de celle du Président.

C'est de la tribune seulement que l'on doit parler, à moins que le Président n'autorise à parler de la place où l'on est, ce qui n'a lieu d'ordinaire que pour les incidents.

L'honorable *orateur*, (on appelle ainsi par politesse tous ceux qui parlent), s'installe donc à la tribune. Aussitôt toutes les dames de braquer à l'envie leurs lorgnettes sur lui. — Quel bel homme, ma chère, — comme il doit être éloquent ! — Oh ! cela ne prouve rien, la prestance ! j'ai entendu un jour un petit bossu parler sur les haras, sur les chevaux, les étalons. Quelle parole ! — Regardez comme sa mise est soignée ! — Il doit être bien fat ce monsieur, avec sa coiffure à la Capoul! Et autres commérages...

Et, pendant que ces dames continuent à jaser sur son compte, l'orateur, qui, avant de monter à la tribune, est allé se donner un coup de peigne passe une dernière fois la main dans ses cheveux, les fait bouffer, ramène ses manchettes jusqu'au milieu de ses mains et étale soigneusement devant lui ses notes, ses documents. Il examine si, à droite et à gauche, les sténographes sont bien à leur poste, à seule fin que le pays ne soit point exposé à perdre la plus insignifiante de ses précieuses paroles. Il embrasse les tribunes d'un coup d'œil fier et hardi, et il jette un regard non moins timide que discret sur le parterre où siégent ses collègues. Il se garde bien surtout de rencontrer les yeux de M. Thiers et de chercher à lire sur ce malin visage quelle opinion on a de lui et quelle impression il produit!

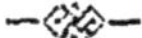

La plupart des députés n'abordent la tribune qu'avec une certaine hésitation. Chez quelques-uns même cette hésitation est de la crainte, disons mieux, de la peur. C'est qu'en effet la tribune est un poste redoutable, et si l'on s'en tire avec honneur, ce n'est point sans braver des dangers. Songez donc, être seul devant quinze cents personnes ! savoir que trois mille yeux (en admettant qu'il n'y ait point de borgnes) vous dévisagent, que vos ennemis sont là, prêts à vous accabler de rires insultants ou de huées méprisantes à la plus légère erreur, à la moindre faute de français (et l'on ignore quelquefois son français, quoique député) ; savoir que vos idées, vos paroles vont être saisies aussitôt qu'envolées, fixées à jamais sur le papier, répandues à des milliers d'exemplaires et en tous les idiomes ; savoir enfin que l'on parle non seulement devant ses concitoyens, mais pour ainsi dire devant l'Europe tout entière, dont les représentants ont l'œil fixé sur vous! Certes, il est concevable que plus d'un hésite avant d'affronter ces dangers. Car s'il fait trop piteuse mine à la tribune, que penseront de lui ses électeurs ? Mais s'il n'y paraît point du tout, ce sera bien pis. Ma foi, tout bien pesé, il vaut mieux encore courir la chance de la tribune.

C'est surtout à l'approche des vacances que ceux qui jusque-là n'ont point trouvé l'occasion de placer leur petit discours ou de vaincre une légitime timidité, se hâtent de demander la parole sur le premier sujet venu. C'est alors que l'on voit un raffineur défendre avec sollicitude les intérêts des cordonniers, un militaire attaquer courageusement la betterave et sabrer à tort et à travers dans ce vaste champ, un médecin parler agriculture, un agriculteur parler médecine. Peu importe le sujet. L'essentiel est de parler. Peu importe aussi que l'on parle bien ou mal, pourvu que l'on parle. Si même, malgré de louables efforts, on s'aperçoit, après une tentative désespérée, que l'on ne saurait prononcer à la suite quatre mots intelligibles, peu importe encore. On est apparu à la tribune, cela suffit. Le nom sera imprimé en belles petites normandes au *Journal Officiel*, et, quant à ce discours, sur lequel étaient fondées de si belles espérances, il sera imprimé aussi; car, lorsque la voix s'arrête dans le gosier, on a la suprême ressource de passer le manuscrit au sténographe, — et plus d'un en use. L'honneur du député est sauf, — aux yeux de ses électeurs du moins.

C'est ce qui fait que les séances des fins de session sont en général d'une étendue plus considérable que les autres, et sont de toutes les plus insupportables. Tous les timides ou les faibles d'esprit s'empressent à l'envi de parler, et comme beaucoup se trouvent dans cette catégorie, on est indulgent les uns envers les autres, et on s'écoute tant bien que mal. Gavroche dirait : ils se tiennent réciproquement la tête.

L'attitude de chaque député varie à la tribune. Celui dont la fortune se chiffre par plusieurs centaines de mille francs y est bien plus arrogant, croyez-le, que le pauvre diable qui, pour vivre, n'a guère que son indemnité.

*Jéhoviste,* soldat, orateur, philosophe, philanthrope, s'élance à la tribune avec la même ardeur qu'il déploya en une bataille célèbre. Il est non moins vaillant pour affronter les orages de la salle des séances que pour courir au devant des balles prussiennes. Tout est mouvement chez cet homme ; tout s'agite, tout remue, tout vit. C'est la vivacité incarnée. Son geste a la rapidité de l'éclair et en a les zigzags désordonnés. Sa voix, pareille aux grondements de la foudre, roule, va, vient et éclate subitement avec des intonations étranges. Parle-t-il depuis cinq minutes, il ne se connaît plus. Il veut prendre le verre d'eau, il prend la lampe. Il frappe avec force le bois de la tribune et soutient, rouge de colère, qu'il est très-calme. Le contredit-on, il bondit et affirme de nouveau et avec plus de force sa première idée. On l'interrompt, il continue. On ne l'écoute point, il continue encore. Le tumulte couvre sa voix, il continue toujours. Regardez-le descendre, on jurerait qu'il sort d'une étuve, tant il s'est remué, démené. Ses collègues s'empressent autour de lui ; ils le félicitent, lui tendent la main ; lui, prend celle des sténographes. Il ne se connaît plus.

Au demeurant, aussi brave homme qu'homme brave.

Autant *Jéhoviste* se montre à la tribune de tout cœur, sans façons, et s'y trouve non moins bien à l'aise que dans son salon, autant le beau *Radulfe* s'y montre froid, guindé, prétentieux.

Sa barbe est méticuleusement peignée, ses cheveux bien pommadés et arrangés avec soin, les plis de sa redingote savamment distribués. Il présente le type frappant d'un ancien magistrat visant au petit maître. Rien ne manque à sa toilette, pas même l'imperceptible bout de mouchoir blanc qui sort prétentieusement de la pochette gauche, et semble dire à chacune et à chacun : « Vous le voyez, mon maître a du linge blanc » lui aussi ; ce dont personne ne se permettrait de douter, d'ailleurs.

Comme la nature, parmi les nombreux dons qu'elle lui a généreusement accordé, a négligé un tantinet l'éloquence, il cherche à suppléer ses moyens naturels par des artifices — cousus de fil

3.

blanc, hâtons-nous de le dire, puisqu'ils consistent dans le seul jeu de son faux-col et de ses manchettes.

Auprès de ses collègues de la droite, il passe pour un grand orateur, et quelques-uns ne craignent point de le comparer aux plus éloquents d'entre les anciens. En effet, ceux-ci possédaient sans nul doute beaucoup moins de moyens oratoires, puisqu'ils ignoraient le parti que l'on peut tirer du faux-col et des manchettes. Ce que c'est que la civilisation !

Avant de monter à la tribune, mettre un faux-col et des manchettes d'une blancheur éblouissante, choisir d'énormes et étincelants boutons, et au moment le plus pathétique de son discours, ou du moins à celui que l'on croit tel, ramener avec prestesse et élégance la manchette jusqu'auprès de ses bagues ; puis porter avec une adorable négligence la main à son faux-col, de telle sorte que les lumières de la salle se jouant sur ce blanc éclatant, fassent jaillir mille feux des boutons d'or de la manchette et saisissent agréablement l'œil du spectateur, — tel est au dix-neuvième siècle le suprême de l'art oratoire pour ceux qui ne sont pas orateurs. C'est bien le cas de dire avec Quintilien : *Fiunt oratores*, et désormais chaque chemisier aura le droit de placer au-dessus de sa boutique cette indication alléchante : *Oratorum fabricator.*

*Plutus*, à la prestance d'Hercule, gravit les degrés

de la tribune avec la majesté qui sied au favori du dieu million. Il s'agit d'enlever un vote important. L'assemblée est frémissante et attend impatiente quels oracles le grand Plutus va prononcer. Lui, commence par vider tranquillement le verre de vin de Bordeaux qu'on a posé près de lui, car il ne boit que du Bordeaux à la tribune, le grand Plutus. Enfin il commence. Il parle avec la morgue qui convient à un financier heureux et à un manufacturier habile. Sa parole est brève, son geste saccadé, les mots viennent se presser tumultueusement sur ses lèvres et paraissent s'envoler d'eux mêmes. Toutes les trois minutes il vide son verre de vin de Bordeaux et toutes les trois minutes le garçon de salle le lui remplit. Plus il parle, plus sa parole court rapide, plus il boit. Bientôt c'est un véritable déluge de mots auquel l'honorable député qui parle quatorze langues peut seul comprendre quelque chose, car toutes sont représentées, hormis le français. Mais on l'écoute néanmoins, car vraiment il est étonnant à la tribune avec sa haute stature, son œil illuminé, sa voix brutale et forte et son infinissable verre de Bordeaux, le grand Plutus.

Lorsque l'on entend parler du traditionnel verre d'eau de la tribune, tous ceux qui n'ont point pénétré dans les arcanes des assemblées se figurent que ce verre d'eau est un véritable verre d'eau plus ou moins pure et additionnée d'un léger morceau de sucre.

Quelle erreur!

Il n'y a rien moins verre d'eau que ce verre d'eau là. Chaque représentant a le droit (et on en use) de demander avant de monter à la tribune le liquide qui convient le mieux à son palais. Tel choisit des vins, tel des liqueurs, tel des sirops.

Lorsque l'on voit le domestique à la livrée de M. Thiers venir vers deux heures de l'après midi à la buvette de l'assemblée, et confier à un huissier un vase en métal, soigneusement fermé, chacun sait ce que cela signifie. *M. Thiers va parler : il envoie son café,* telle est la phrase qu'on entend bourdonner de tous les côtés du théâtre. D'aucuns disent que cette boisson est préparée par les propres mains du chef de l'Etat ou de son fidèle secrétaire. Nous déclarons sincèrement que nous en ignorons et que notre très-haut respect envers le Président de la République nous interdit d'entrer dans ces détails de cuisine. Mais, quoiqu'il en soit, il est certain que le café que M. Thiers boit à la tribune vient de l'hôtel de la Présidence, et qu'on lui présente sur un plateau deux verres, l'un de café, l'autre d'eau pure, desquels il boit alternativement.

Tel autre boit, comme nous l'avons dit, du vin de Bordeaux, tel autre des sirops, tel autre du..... Chaque homme, chaque goût.

**2. — Comment on parle à la tribune.**

On parle à la tribune comme on parle dans les théâtres, mais avec cette différence que les divers genres sont pratiqués sur la même scène.

Les uns font de simples causeries ; en les écoutant, on se croirait revenu aux beaux jours des conférences de la salle de l'Athénée, ou du boulevard des Capucines. L'agrément que l'on éprouve est alors tout aussi grand que celui qui résulte d'une conférence du docteur Favre sur la *Femme de Claude*.

D'autres font des discours. Ceux qui appartiennent

à l'Académie parlent en académiciens; les autres parlent en français.

Ceux qui ne peuvent faire ni discours, ni causeries, font des lectures. Ce qui est très agréable pour tout le monde, parce que personne n'écoute et que chacun consacre ce temps à s'occuper de ses petites affaires. L'orateur, néanmoins, va toujours son train, et c'est avec une légitime fierté, qu'en descendant de la tribune il remet aux sténographes son volumineux manuscrit. Le lendemain, ses électeurs en lisant l'*Officiel*, se disent : « *comme il est éloquent notre député ! Il ne fait pas bon s'attaquer à lui. Voyez, personne n'a osé l'interrompre !* » Parbleu ! personne ne l'a écouté.

Ceux-ci parlent avec élégance et facilité et apportent à la tribune le ton de bonne compagnie.

Ceux-là se montrent violents, vindicatifs; tranchons le mot, hargneux.

Quelques-uns, tant leur langage est fleuri, paraissent avoir reçu une éducation aussi soignée que la *fille de madame Angot*.

—⚭—

D'autres prennent le ton emphatique du mélodrame, sans en négliger les attitudes, et imitent Castellano et Clément Just, mais comme la grenouille imite le bœuf.

—⚭—

Tous néanmoins ont la prétention de parler à la tribune le langage parlementaire.

— Qu'est-ce?

— Une manière de parler

Où jusqu'à je vous hais, tout s'y dit tendrement.

Ou autrement : l'art de mettre un domino à sa pensée.

Ou enfin : la courtoisie de l'éloquence.

En tous cas, le langage parlementaire n'est point un langage français.

Car,

Français veut dire franchise.

Et le parlementarisme est tout l'opposé de la franchise.

Tout membre de l'Assemblée a le droit de prendre la parole.

Mais il ne doit parler qu'après avoir obtenu l'autorisation du président.

Nul ne doit parler plus de deux fois sur la même question, à moins que l'Assemblée n'en décide autrement.

Dans les discussions, les orateurs parlent alternativement *pour* et *contre*.

Il est d'usage que la parole soit accordée à un membre de l'Assemblée après un discours du gouvernement et avant de passer au vote.

A la tribune, l'orateur doit rester dans la question. S'il s'en écarte, le devoir du président est de l'y rappeler, ce qui ne veut point dire qu'ensuite le député y reste.

Tout comme au collége, il y a à l'Assemblée des peines disciplinaires.

Et il convient d'ajouter qu'elles sont aussi utiles ici que là.

Les peines disciplinaires applicables aux membres de l'Assemblée sont :

Le rappel à l'ordre;

Le rappel à l'ordre avec inscription au procès-verbal;

La censure;

La censure avec exclusion temporaire du lieu des séances.

—

Le président rappelle à l'ordre tout membre qui s'en écarte.

Tout représentant qui, dans l'espace de trente jours, est rappelé deux fois à l'ordre, encourt un rappel à l'ordre avec inscription au procès-verbal.

C'est ici que la peine commence à devenir grave, puisque cette inscription au procès-verbal emporte de plein droit la privation, pendant quinze jours, de la moitié de l'indemnité allouée au représentant.

Lorsqu'un orateur a été rappelé deux fois à l'ordre dans la même séance, l'Assemblée peut, sur la proposition du président, lui interdire la parole pour le reste de la séance.

—

La censure simple est prononcée contre :

1° Tout membre qui, après le rappel à l'ordre avec inscription au procès-verbal, ne rentre pas ns le devoir;

2° Tout membre qui, dans l'espace de trente jours, encourt trois rappels à l'ordre;

3° Tout membre qui, dans l'Assemblée, donne le signal d'une scène tumultueuse ou d'une abstention collective de prendre part aux travaux législatifs;

4° Tout représentant qui adresse à ses collègues des injures, provocations ou menaces.

La peine la plus grave est la censure, avec exclusion temporaire du lieu des séances. Elle est prononcée contre tout membre :

1° Qui résiste à la censure simple;

2° Qui, en séance publique, fait appel à la violence ou provoque à la guerre civile;

3° Qui se rend coupable d'outrages envers l'Assemblée, ou une partie de l'Assemblée, ou envers le président.

La censure, qu'elle soit simple ou avec exclusion temporaire, emporte de plein droit :

1° La privation pendant un mois de moitié de l'indemnité;

2° L'impression et l'affichage à mille exemplaires, aux frais du représentant censuré, de l'extrait du procès-verbal mentionnant la censure.

Lorsque la censure est avec exclusion temporaire, elle impose au censuré l'obligation de sortir immédiatement de l'Assemblée, et de s'abstenir d'y reparaître pendant les trois séances suivantes.

Si le représentant refuse d'obéir à l'injonction du président de sortir de l'Assemblée, la séance est levée. Elle peut être reprise lorsque le censuré est sorti de la salle.

Si celui-ci reparaît dans la salle des séances avant l'expiration des trois jours, sa présence est constatée par le bureau. La séance est levée. Le président donne l'ordre d'arrêter le représentant censuré. Celui-ci est conduit dans un local préparé à cet effet par les soins des questeurs, et où il doit garder les arrêts pendant trois jours.

La censure est prononcée par l'Assemblée, sans débats, et par assis et levé, sur la proposition du président.

Mais le représentant contre lequel la censure est demandée a toujours le droit d'être entendu ou de faire entendre, en son nom, un de ses collègues.

Telles sont les peines disciplinaires qu'encourent les députés turbulents et tapageurs. Au fond, il faut le reconnaître, elles n'ont rien de bien grave. Leur pain sec et leur eau, c'est la privation de l'indemnité. Le système est un peu enfantin; mais le meilleur moyen de toucher les hommes n'est-il point après tout de les empêcher de toucher — leur indemnité?

Si l'Assemblée devient tumultueuse sans qu'il soit possible d'en rendre responsable un député et de lui infliger une peine disciplinaire, le Président n'a plus qu'à lever la séance.

Pour ce faire, il n'a qu'à se couvrir.

Lève-toi, Buffet, mets ton chapeau sur ta tête.

Oui, mais encore faut-il trouver ce chapeau. Il arrive souvent que le Président descend à la séance nue-tête ou qu'un huissier trop zélé va, une fois le Président au fauteuil, placer en lieu de sûreté son couvre-chef. Comment faire comprendre que la séance est levée? comment se couvrir? On cherche alors de tous côtés un chapeau. Le premier qui tombe sous la main, on le prend; au hasard de la fourchette!

On se souvient de ce jour fameux où M. Grévy, voulant lever la séance, mit sur sa tête le chapeau de M. Saint-Marc Girardin. Ce chapeau était analogue pour la grandeur aux faux-cols que portait le regretté vice-président. La tête de M. Grévy disparut jusqu'aux épaules. La séance fut levée, mais au milieu de quels éclats de rire!

### 3. — Comment on est écouté.

Toute interruption, toute personnalité, tous applaudissements et signes d'improbation sont interdits.

Qui ordonne cela?.

Un article du règlement.

Qui le pratique?

Personne.

—❖—

*Bavardy* est un petit homme grassouillet, sanguin, toujours rasé de frais et possédé de la monomanie de l'interruption. A tout propos, et même hors de propos, il interrompt. On voit alors ce petit corps émerger au-dessus de l'océan des crânes du parterre et l'on entend une voix grêle, mais criarde et perçante, lancer quatre ou cinq mots qui ont l'énorme prétention d'être très-méchants. Quel que soit l'orateur qui occupe la tribune, qu'il soit de son parti ou non, peu importe, il interrompt. Pourquoi?... Mais pour interrompre, parce que c'est dans sa nature, dans son tempérament. Comme rien n'est sacré pour un interrupteur, il ne se gêne point pour interrompre le Président de la République. De même que d'autres naissent poëtes, lui est né interrupteur.

Mais les bonnes traditions se perdent : destinée inévitable de toutes choses ici-bas. Les interruptions de Bavardy n'ont point cette finesse, cette délicatesse d'une exquise méchanceté qui distinguaient celles de son maître immédiat ès-interruptions, M. Glais-Bizoin. Elles sont lourdes, dépassent le but ou ne l'atteignent pas : des pavés d'ours en un mot. C'est ce qui fait qu'un jour, après une déplorable interruption de Bavardy, M. Glais-Bizoin s'écria :

Moi mort, cet art aussi s'en va, — comme le reste !

Hâtons-nous d'ajouter cependant que l'Assemblée renferme beaucoup de Bavardys, c'est-à-dire d'interrupteurs. A droite, à gauche, au centre, on en trouve partout, et souvent c'est un feu roulant qui, commençant dans un coin, va se prolongeant, et, gagnant du terrain, fait bientôt le tour de la salle.

L'article qui interdit toute personnalité est non moins bien observé. D'ailleurs, les questions de personnes ne sont-elles pas le plus bel ornement de la politique, et si l'on devait rester toujours dans les hautes sphères de la politique abstraite, pourrait-on vraiment imaginer rien de plus ennuyeux et pour les acteurs et pour les spectateurs ?

Les applaudissements non plus ne sont point ménagés.

C'est l'éloquence de ceux qui n'en ont pas ; et comme ils sont nombreux, vous voyez d'ici le tapage !

Mais que dire des signes d'improbation ?

Leur variété est innombrable. Les énumérer tous, ce serait vouloir compter les grains de sable de la mer ou le nombre de cheveux manquant sur la tête des honorables.

Il y a le tumulte produit par les clameurs, les couteaux à papier.

Il y a la confusion qu'engendrent les conversations particulières.

Il y a le silence, résultat certain de l'absence des députés.

Mais devant le compte-rendu du *Journal officiel* tous les discours sont égaux. Que l'orateur ait été chaleureusement applaudi ou outrageusement sifflé, qu'il s'appelle Thiers ou Jean Brunet, peu importe : le compte-rendu leur consacre une part égale. La vague indication : *applaudissements, bruit, rumeurs* ne saurait donner en aucune manière une idée exacte de la mesure dans laquelle a été écouté un discours.

C'est précisément cette égalité devant le compte-rendu qu'escomptent certains députés. Est-ce que les électeurs de Fouilly-aux-Oies auront l'intelligence d'aller s'imaginer, par hasard, en voyant, après un discours de M. Jules Favre un discours de M. Nicodême, Andoche ou tout ce que l'on voudra, que celui-ci n'a pas été aussi bien écouté que celui-là ? Si un malin semble en douter : « *Mais puisque c'est dans la feuille !* » répond un plus malin.

Et voilà comment, au village, on est à même d'apprécier son député !

Lorsqu'une fraction de l'Assemblée se refuse à écouter un député, et que celui-ci s'obstine à vouloir parler, elle emploie un moyen infaillible. *La clôture ! la clôture !* est criée sur tous les tons, et plus généralement sur un air très-connu, le fameux air *des Lampions !* Et chacun de reprendre à part : *ture !... ture !... ture !...*

C'est un charivari étourdissant au milieu duquel

se mêlent, se croisent, s'enchevêtrent les interruptions, les ripostes, et au-dessus duquel plane, gronde comme un orage le..... *ture!..... ture!..... ture!* traditionnel.

Alors l'orateur a beau faire, il a beau gesticuler, se démener comme un vrai diable à la tribune, le président a beau réclamer de la voix, du couteau à papier et de la sonnette, le silence, le... *ture!... ture!... ture!...* couvre tout. C'est le bourdon de Notre-Dame, et lorsque Quasimodo s'y est accroché, on sait qu'il ne lâche point de sitôt.

## III. LE VOTE.

L'assemblée vote sur les questions soumises à ses délibérations :

Par assis et levé;

Au scrutin public;

Au scrutin secret;

—◇◇—

Le vote par assis et levé est de droit sur toutes les questions, sauf pour les projets de loi portant ouverture de crédits autres que ceux d'intérêt local.

Le président et les secrétaires constatent le vote.

Cette opération est assez délicate.

Il faut y apporter un certain tact, une habitude que n'ont pas toujours à un haut degré les jeunes secrétaires qui remplissent cette fonction.

Après deux épreuves douteuses le vote au scrutin public est de droit.

—◇—

Le vote au scrutin public peut être demandé en toute matière. Sont exceptées cependant les questions de fixation d'ordre du jour, de rappel au règlement, etc...

La demande du scrutin public doit être faite par écrit et signée de vingt membres. Elle est remise entre les mains du président, et les noms des signataires et ceux des votants sont insérés au *Journal Officiel.*

—◇—

On procède au scrutin public dans la forme suivante :

Comme les quelques instants qui précèdent le scrutin sont généralement très-agités, les représentants en ont profité pour quitter leurs bancs. Le président les fait donc inviter par l'organe des huissiers à reprendre leur place.

Chaque représentant a deux bulletins de vote sur lesquels son nom est inscrit. Les bulletins blancs expriment l'adoption, les bulletins bleus la non-adoption.

Les huissiers parcourent la salle, portant chacun une urne, qu'ils présentent aux représentants, et dans laquelle ceux-ci s'empressent de déposer leur bulletin.

Lorsque tous les votes sont recueillis, le président prononce la clôture du scrutin. Les urnes sont immédiatement apportées sur la tribune. Les secrétaires en font le dépouillement, et le président proclame le résultat du vote.

Si vingt membres demandent que le scrutin ait lieu à la tribune, l'assemblée prononce par assis et levé sans débats.

Dans tous les cas où le scrutin public peut ou doit être admis, si quarante membres réclament le scrutin secret, il doit y être procédé.

Les formes prescrites pour la demande du scrutin public sont observées pour celle du scrutin secret. Les noms des signataires de la demande sont inscrits au *Journal Officiel*.

—⊗—

Chaque représentant reçoit une boule blanche et une boule noire. Il dépose dans l'urne placée sur la tribune la boule qui exprime son vote. Il met dans une autre urne placée sur le bureau des secrétaires la boule dont il n'a point fait usage. La blanche exprime l'adoption, la noire, la non-adoption.

Les secrétaires versent les boules dans une corbeille. Ils en font ostensiblement le compte et séparent les blanches d'avec les noires.

Le résultat de ce compte est arrêté par deux secrétaires au moins et proclamé par le président.

Les nominations en assemblée générale, dans les bureaux et commissions, se font au scrutin secret.

La présence de 376 membres est nécessaire pour la validité des votes de l'Assemblée.

Aussi que de peines se donnent souvent les huissiers pour réunir ces 376 membres !

Et cependant 750 représentants doivent siéger à l'Assemblée.

Mais lorsqu'il s'agit d'une question réputée peu intéressante, soit une question de chiffres, d'affaires, d'intérêt plus ou moins local, lorsque les passions politiques ne peuvent se donner carrière, la salle des Pas-Perdus, la salle des Conférences, la buvette surtout, se trouvent bien plus fréquentées que la salle des séances.

Alors, à peine le président a-t-il prononcé l'ouverture du scrutin, que l'on voit les huissiers quitter précipitamment la salle, parcourir toutes les dépendances de l'Assemblée, et l'on entend leur voix retentissante prononcer le sacramentel : « *Venez prendre part au scrutin, messieurs, s'il vous plaît!* »

Et chacun de quitter son livre, son journal, de jeter son cigare, ou de terminer prestement son bock, et de se diriger en maugréant vers la salle des séances : « *On n'a pas un instant de répit, ici!!* »

Mais combien ne se trouvent pas même à l'Assemblée au moment du vote!

Oh! elle est nombreuse la catégorie des absents.

On peut les diviser en trois classes :

1° Les absents sans congé.

2° Les députés en congé.

3° Les ambassadeurs.

La première classe est de toutes la plus nombreuse.

Le député réputé absent sans congé est celui qui, pendant trois séances consécutives, n'a point répondu aux appels nominaux ou n'a point pris part aux scrutins publics ni aux discussions de tribune.

L'absence est constatée au bureau des procès-verbaux par le relevé des appels nominaux et des votes publiés au *Journal officiel*.

A défaut de motifs valables qui justifient son abstention, le représentant est inscrit nominativement au *Journal officiel* comme absent sans congé.

Hâtons-nous d'ajouter cependant, pour rassurer les... familles des députés qui ont contracté l'habitude de s'absenter sans congé, que cette absence est assez difficile à constater.

Les appels nominaux sont rares.

Qui ne se rappelle ce jour mémorable où deux cents députés à peine garnissaient la salle des séances? Quelques-uns demandèrent l'appel nominal. Mais le président, l'honorable M. Grévy, parvint à éluder cette demande. Soucieux de la dignité de l'Assemblée qu'il présidait, il ne voulut point la livrer à la risée du public et faire passer en proverbe l'exactitude parlementaire.

De plus, les représentants qui s'absentent sans congé usent d'un stratagème bien innocent, il est vrai, mais qui a le mérite de sauver les apparences.

Ils prient un de leurs collègues de voter pour eux. Aussi les électeurs ne doivent-ils jamais considérer le nombre des votants comme le nombre des membres présents à la séance.

Et puis la seule peine qu'encoure l'absent sans congé, lorsque son absence vient à être officiellement constatée, est la privation de l'indemnité, mais pour le seul jour où il s'absente.

On le voit, le risque à courir est presque nul, et la peine assez douce.

—◇◇—

Mais à quoi bon s'absenter sans congé, lorsqu'il est si facile et si simple d'obtenir un congé?

Les congés peuvent être accordés :

D'urgence par le président;

Par une commission qui donne son avis sur chaque demande.

Il est bien rare qu'on le refuse.

—◇◇—

Nous avons rangé dans la troisième classe des absents, les ambassadeurs.

Ceux-là sont nombreux.

Electeur, vous avez porté votre voix sur un candidat qui, dans sa profession de foi, vous a juré tous ses grands dieux qu'il s'occupera constamment, avec une ardeur, une vigilance de tous les instants, de vos intérêts les plus chers. Quel homme dévoué et désintéressé! oh! c'est bien lui qu'il me faut! Vous déposez son nom dans l'urne; il est élu.

Huit jours après vous apprenez que votre représentant vient d'être nommé ambassadeur à Tombouctou ou à Topine-Hambourg.

— Ah! bah!

— C'est ainsi.

— Eh bien, et les intérêts de mon département?

— Monsieur, tressautez, exultez, enorgueillissez-vous de ce que votre département ait l'honneur insigne d'être représenté par un de ses fils à Tombouctou.

—◇◇—

Il est vrai que les députés-ambassadeurs ne partent qu'avec un congé en bonne et dûe forme.

Mais de deux choses l'une :

Ou ce congé est très-limité,

Ou il est fort long.

Dans le premier cas, n'est-il point singulier de voir le gouvernement se faire représenter auprès des puissances étrangères par des hommes qui n'y feront qu'un court séjour et qu'il faudra changer tous les mois ?

Les intérêts de la France ne seront-ils pas mal gérés ?

Mais, dans le second cas, que deviennent les intérêts du département du député-ambassadeur, si celui-ci se trouve toujours absent ?

On promet un abonnement gratuit au *Tintamarre* ou au *Tam-Tam* — au choix — à l'homme intelligent qui pourra sortir de ce dilemme.

—◇◇—

Et cependant la France a pour la représenter :

| | |
|---|---|
| A St-Pétersbourg, | M. Leflô, |
| A Athènes, | M. Jules Ferry, |
| A Berlin, | M. de Gontaut-Biron, |
| A Bruxelles, | M. Ernest Picard, |
| A Rome, | M. de Corcelles, |
| A Berne, | M. Lanfrey. |

# CHAPITRE IV.

## COMMENT ON SORT DE L'ASSEMBLÉE.

Par la porte ou la fenêtre. — Six heures moins le quart. — Le train express. — Les voitures à Versailles. — Les cochers. — De quelques familiarités que ceux-ci se permettent envers les députés.

On sort de l'Assemblée comme on sort généralement de partout — par la porte.

A moins que l'on ne vous jette par la fenêtre, — ce qui a lieu quelquefois aux jours d'émeute et de révolution.

Mais à Versailles cette hypothèse n'est point craindre.

D'ordinaire, les séances finissent à 6 heures moins le quart. On a contracté cette habitude pour donner aux députés, qui désirent se rendre à Paris, la latitude de prendre le train express de six heures.

En effet il n'y a pas que les députés de la gauche qui viennent à Paris tous les soirs. Malgré leur haine envers la capitale, malgré toutes les injures qu'ils lui prodiguent, les députés de la droite ne dédaignent point de venir y passer la soirée et même la nuit :

> Car pour desduit et pour estre jolis,
> Jamais cité tele ne trouveront;
> Rien ne se puet comparer à Paris.

Il semble, en vérité, qu'Eustache Deschamps, ce poëte bourgeois et patriote contemporain de Charles VI, ait écrit ces vers en prévision de l'Assemblée de Versailles.

On devrait les graver en lettres d'or sur le frontispice de la gare, dans la cité de Seine-et-Oise.

Mais quand les séances tardent à se lever et que cinq heures trois quarts approchent, il se manifeste dans toutes les parties de la salle un irrésistible mouvement de sortie. « *A demain ! à demain.* » — *Monsieur le président, il est* 6 *heures moins le quart ! l'express n'attend point !* — Ces cris sont répétés d'un bout à l'autre de la salle. On dirait des sentinelles vigilantes qui se renvoient le « *Prenez garde..... au chemin de fer !* »

Malheur à l'orateur importun qui combat le renvoi au lendemain. Le tumulte couvre sa voix. Et si le président essaye d'arrêter ce flot humain qui se presse vers les portes, on ne l'écoute point, — *Ma foi tant pis, je pars,* — dit chaque député en prenant son chapeau — *on m'attend à dîner.* Le président fait des efforts dignes d'un meilleur résultat; il agite violemment sa sonnette. Le bruit va crescendo. Tout à coup il cesse. Le président se rassied, heureux d'avoir été enfin écouté. Il relève la tête et s'aperçoit stupéfait que les cris n'ont cessé que faute de criards. La salle est aux trois quarts vide. Les députés sont en route pour le chemin de fer.

Une interminable file de voitures attend, rue des Réservoirs, les députés qui voudront bien se faire véhiculer moyennant trente sols jusqu'à la gare, distante à peine d'un kilomètre.

Ces voitures méritent une mention spéciale. Il faut absolument venir à Versailles pour en trouver de semblables. Toutes les époques y sont représentées, depuis la grande berline Louis XV jusqu'au fiacre moderne, en passant par le cab, le berlingot, la patache. Il y en a des jaunes, des vertes, des rouges, des blanches ; il y en a dont les tapisseries représentent encore des fleurs de lys ; d'autres portent aux panneaux des armoiries salies et ternies par le temps, grands débris des vieilles familles.

—⁂—

Mais ces types de voitures ne sont rien, comparés aux types des cochers.

A eux la palme.

Les costumes les plus invraisemblables, ceux que l'on retrouve encore dans les gravures du temps passé, ils les portent avec une fierté qui ferait envie à un lazzarone italien. Et quel soin ils prennent pour donner à ces guenilles tout le lustre des choses anciennes! comme ils se gardent bien de les mettre jamais en contact avec la brosse!

—⁂—

Tous les cochers connaissent tous les députés, — de nom seulement, j'aime à le croire.

— Eh! m'sieu Arago, voici un coupé!

— Eh! m'sieu d'Andelarre, prenez mon fiacre, j'ai une bonne bête aujourd'hui!

Quand une des sommités de l'Assemblée paraît sur le seuil, tous les cochers se précipitent vers elle. C'est à qui l'aura. Un peu plus on se l'arracherait.

—⁂—

Hâtons-nous d'ajouter que ces honnêtes industriels en agissent d'ailleurs, à peu près de même, envers toute personne qui a le malheur de passer auprès d'eux. Comme ils sont très nombreux et qu'ils ont peu de courses à fournir, on conçoit leur empressement.

Si par hasard vous résistez, si vous ne vous laissez point séduire par leurs alléchantes propositions, voyez de quel œil ils vous toisent, et comme ils vous apprécient dès que vous avez le dos tourné.

— Eh ! va donc, tête de chat-huant !

— Veux-tu l'aumône !

- Conservateur !

Conservateur..... de leur bourse. C'est ainsi que l'entendent les cochers qui, s'ils conduisaient le char de l'Etat comme ils conduisent leurs carrioles, seraient de vrais révolutionnaires et verseraient de droite et de gauche.

Quelquefois on voit courir vers la gare un fiacre aux stores hermétiquement fermés. Est-ce un tabernacle roulant de l'amour comme dans *Madame Bovary !*

Point. Ce sont quatre, quelquefois cinq députés appartenant à des groupes différents. — La politique les divise, mais l'économie les réunit. — Ils ressemblent à ces avoués de province qui se mettent à quatre pour louer une loge au théâtre.

# LIVRE II

## CE QUE L'ON NE VOIT PAS

# CHAPITRE I.

## LES CUISINES.

1. — LES BUREAUX.

Les premiers actes de la comédie se passent dans les coulisses. — Les quinze bureaux. — Leur constitution. — Importance de l'élection des présidents et secrétaires. — Les cinq groupes politiques. — Prenez mon ours, je prendrai le vôtre. — Nomination des commissaires. — On ne pose point dans les bureaux.

II. — LES COMMISSIONS.

Les quatre commissions mensuelles. — Commission des pétitions. — Comment on reçoit les pétitions et ce que l'on en fait. — Commission des congés : M. Pory-Pappy, condamné à la présidence à perpétuité. — Commission d'intérêt local : M. Courbet Poulard. — Un morceau de littérature parlementaire. — Commission d'initiative. — Le tamis des lois. — Commission spéciales. — Commissions du budget.— Commissions d'enquêtes.

## LES BUREAUX

Ceux qui ne connaissent de l'assemblée que les séances publiques ne connaissent rien.

Ceux qui pensent que les députés ne travaillent

qu'en séance publique doivent penser qu'ils travaillent bien peu ou bien mal.

Il n'en est rien cependant. Les vrais travaux de l'Assemblée ne se font point sous les yeux du public. A l'opéra de Versailles on ne travaille bien et sérieusement que dans les coulisses, c'est à dire dans les bureaux et dans les commissions. C'est là que se passent les premiers actes et les plus importants de la comédie ou de la tragédie dont la séance publique n'est que le dénouement.

Vous êtes-vous jamais demandé quelle marche suit une proposition depuis l'instant où elle est déposée par un député sur le bureau de l'assemblée jusqu'au moment où, votée, elle devient une loi ?

Avez-vous jamais réfléchi à la longueur de la route, aux obstacles et aux retards dont elle est parfois hérissée ?

Il est cependant curieux de savoir comment se fabriquent les lois auxquelles chaque citoyen doit respect et obéissance, — jusqu'au jour où une autre vient les modifier.

Suivez-nous. Nous allons chercher à vous expliquer, aussi brièvement et aussi clairement que possible, ce mécanisme compliqué.

Tous les mois, l'assemblée se partage en quinze

bureaux qui sont tirés au sort en séance publique.

Le sort est aveugle, aussi mêle-t-il indistinctement, dans chaque bureau, des députés appartenant aux différents groupes politiques de la droite et de la gauche, le tout dans des proportions diverses. Il est rare que toutes les opinions ne soient pas représentées dans chaque bureau.

Une fois tirés au sort, les bureaux doivent se réunir chacun dans un local qui leur est spécialement affecté et se constituer, c'est-à-dire nommer leur président et leur secrétaire.

C'est ici que la lutte entre les divers groupes de l'assemblée commence à se dessiner.

La droite attache non moins d'importance que la gauche à la nomination du président et du secrétaire. Chaque parti désire que l'un et l'autre soient tirés de son sein. C'est une manière de montrer aux yeux du public de quel côté est la majorité.

L'assemblée de Versailles est divisée en cinq groupes principaux : *la droite*, *le centre droit*, *le*

*centre gauche, la gauche républicaine* et *l'union républicaine.*

M. de la Rochefoucauld-Bisaccia appartient à la droite, M. d'Audiffret-Pasquier au centre droit, M. Casimir Périer au centre gauche, M. Emmanuel Arago à la gauche républicaine, M. Gambetta à l'union républicaine. Ceci pour donner la nuance de chaque groupe.

Lorsqu'il s'agit de la nomination des présidents et secrétaires des 15 bureaux, chaque groupe choisit dans son sein un certain nombre de délégués chargés de s'entendre avec les délégués des autres groupes. Les groupes de droite s'entendent ensemble, les groupes de gauche ensemble.

Les délégués prennent les listes des bureaux, et examinent quel est dans chaque bureau le nombre des députés qui appartiennent à leur groupe.

Supposez un instant que vous vous trouvez dans la réunion des délégués des divers groupes de gauche. Voici ce que vous voyez.

Si, par exemple, dans le premier bureau, la majorité paraît acquise à la droite et au centre droit et qu'il y ait seulement quelques députés appartenant à la gauche républicaine, à l'union républicaine, et au centre gauche, on convient de voter, à quelque opinion que l'on appartienne, pour un membre du centre gauche. En effet, si quelques voix du centre droit peuvent se reporter sur un membre de la gauche, il est probable que ce sera sur un membre du centre gauche de préférence à tout autre.

Si, au contraire, la majorité semble acquise à la gauche, prise dans son ensemble, on convient de porter les voix sur le membre qui compte dans le bureau le plus de collégues de son opinion, soit de la gauche républicaine, soit de l'union républicaine, soit du centre gauche.

Ce sont des transactions à l'amiable qu'opèrent ainsi les députés.

Prenez mon ours, et je prendrai le vôtre !

L'élection du président et du secrétaire terminée, les bureaux commencent leurs travaux.

Ces travaux consistent dans la nomination des commissaires chargés d'étudier les projets de loi et les propositions.

La lutte entre les divers groupes politiques recommence ici et dans des conditions analogues à celle qui a eu lieu au sujet de l'élection du président et du secrétaire. La droite comme la gauche cherche à faire entrer ses membres dans les commissions.

Les candidats que chaque parti portera sont désignés à l'avance. Ils sont tenus de prendre la parole pour expliquer leur sentiment sur le projet de loi qu'ils aspirent à examiner.

Mais il n'est point rare de voir ce fait se produire, à savoir que le commissaire élu n'est nullement celui qui a été choisi par la droite ou par la gauche. Il arrive plus d'une fois, en effet, qu'un membre, de ceux qui ne se sont point fait inscrire dans les divers groupes, prenne la parole et que son éloquence ou sa parfaite connaissance de la question lui concilie tous les suffrages.

—❖—

Les discussions dans les bureaux sont fort sérieuses et très pratiques. Comme elles ne sont point destinées à la publicité, chacun parle suivant son vrai sentiment et ne cherche point à parader sur l'estrade pour cueillir les applaudissements.

---

## LES COMMISSIONS

L'Assemblée engendre les bureaux,
Qui engendrent les commissions,
Qui engendrent les rapports,

Qui engendrent les lois,
Telle est la filière.

—◇—

Tous les mois, après leur constitution, les bureaux nomment quatre commissions mensuelles :

La Commission des pétitions,
— des congés,
— d'intérêt local,
— d'initiative.

Chacune de ces commissions est chargée d'examiner les questions qui sont de sa compétence et qui se produisent dans le courant du mois.

—◇—

## COMMISSION DES PÉTITIONS

Les pétitions doivent être rédigées par écrit, signées et adressées au Président de l'Assemblée.

Elles peuvent être aussi déposées directement sur le bureau par un représentant.

Il est interdit de les apporter en personne à la barre.

Une pétition apportée ou transmise par un rassemblement formé sur la voie publique ne peut être reçue par le Président ni déposée sur le bureau.

—◇—

Les pétitions, dans l'ordre de leur arrivée, sont inscrites sur un rôle général contenant le numéro d'ordre de la pétition, le nom et le domicile du pétitionnaire, ainsi que l'indication sommaire de l'objet de sa demande, et lorsqu'elle n'a pas été adressée directement au Président, le nom du représentant qui l'a déposée. Ce rôle est imprimé et distribué à l'Assemblée.

Les pétitions inscrites sur le rôle sont envoyées à la commission des pétitions. Quant à celles qui ont pour objet un projet de loi présenté à l'Assemblée et soumis à l'examen d'une commission spéciale, elles sont directement renvoyées à cette commission par le Président.

La commission rend compte des pétitions selon l'ordre de leur inscription au rôle général.

La priorité peut quelquefois être demandée pour une pétition. L'Assemblée en décide alors par assis et levé, sans débats.

La Commission est tenue de faire chaque semaine un rapport sur les pétitions qui lui ont été envoyées. Un feuilleton, distribué trois jours avant celui où le rapport doit être fait, mentionne le nom et le domicile du pétitionnaire, l'indication sommaire de l'objet de la pétition, son numéro d'inscription au rôle général et les conclusions de la commission.

La commission peut néanmoins, lorsqu'à l'unanimité des membres présents elle l'a jugé convenable, ne rapporter à la tribune que par l'indication du nom de leurs auteurs et leur numéro d'ordre au rôle général, les pétitions qui ne lui paraissent pas mériter un débat public. C'est ce que l'on appelle, en langage parlementaire, *écarter par la question préalable.*

Le chiffre des pétitions qu'a reçues l'Assemblée de Versailles est immense. Il y en a eu au moins huit mille. Mais combien peu ont été acceptées? Combien peu même ont eu les honneurs d'un débat public? Avec quelle désinvolture les diverses commissions qui se sont succédé de mois en mois ont écarté par *l'ordre du jour pur et simple* les pétitions demandant la dissolution!

Et cependant *deux millions* d'électeurs environ ont signé ces pétitions!

## COMMISSION DES CONGÉS

Cette Commission a une grande importance — aux

yeux des représentants, et on conçoit facilement pour quel motif.

C'est elle qui accorde, refuse ou prolonge les petites vacances que les représentants aiment à se payer de temps à autre.

A-t-on envie de tirer une *bordée* hors de l'enceinte législative, on s'adresse à la Commission des congés. Celle-ci se montre peu sévère, et présente un rapport favorable à la demande. L'Assemblée vote toujours les conclusions du rapport. C'est à titre de revanche, d'ailleurs, chacun éprouvant à un moment donné le légitime besoin de revoir son verger, ses pommes, ses chiens, ses chevaux, ses choux, ses cochons — et quelquefois... ses électeurs.

Les *affaires de famille* jouent un très-grand rôle dans les demandes de congé. On ne se figure point le nombre de députés qui ont mensuellement des *affaires de famille* !

C'est un point que les représentants ont de commun avec les collégiens.

La commission des congés a un président traditionnel. Tous les mois il est renommé. Il est condamné à perpétuité à présider la commission des congés. C'est sa galère.

Ce président est l'honorable M. Pory-Pappy, représentant de la Martinique.

M. Pory-Pappy est un homme de couleur — mais au physique seulement, car ses opinions politiques sont fort peu tranchées.

Amère dérision du sort ! M. Pory-Pappy accorde quotidiennement à ses collègues ce qu'il est obligé de se refuser à lui-même. Il est rare, en effet, qu'un représentant n'ait point au moins une fois par mois des *affaires de famille* qui l'appellent dans son département. Mais lui, Pory-Pappy, peut-il prétexter aussi fréquemment des *affaires de famille* qui le mandent dans sa colonie ! La longueur du voyage ne le permet point.

Aussi M. Pory-Pappy a-t-il la nostalgie. Il s'ennuie à Versailles !... et il y a bien de quoi.

Il erre dans les couloirs comme une âme en peine. Il rêve sous les arceaux de la salle des Pas-Perdus, le ciel bleu de la Martinique, les bananiers, les lataniers. Il pense à *petit nègre* qui l'a élu et voudrait bien le revoir.

On le surprend maintes fois fredonner tristement en dodelinant de la tête :

Dansez, Bamboula,
Zizi, boum, boum.
Dansez Bamboula,
Toujou quo ça.

Paul, éloigné de Virginie, n'avait pas l'âme plus profondément désolée que l'a Pory-Pappy éloigné de la Martinique.

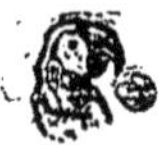

## COMMISSION D'INTÉRÊT LOCAL.

C'est dans cette commission que règne en souverain par le droit du génie, de l'éloquence et de tous les attributs dont la nature a bien voulu le doter, le très respectable M. Courbet-Poulard.

Vous ne connaissez point M. Courbet-Poulard?

— Non.

— J'ai l'honneur de vous le présenter.

—◇◇—

M. Courbet-Poulard est député de la Somme et maire d'Abbeville.

C'est un petit homme, replet et sanguin. Il a les cheveux neige et le visage champagne rosé.

Il porte une vaste redingote qui traîne sur ses talons. — Le gilet est ouvert pour laisser éclater la blancheur de la chemise. La cravate est celle du notaire.

Il marche avec gravité. Il incline légèrement la tête vers la terre, attitude naturelle aux têtes bondées de pensées. Il s'appuie avec grâce sur un énorme roseau, faible soutien pour ce corps tout bouffi de mots, de phrases, d'idées — et surtout d'orgueil.

Cet orgueil, après tout, est légitime, et lorsqu'on est un littérateur aussi éminent que M. Courbet-Poulard, on a le droit de s'enorgueillir.

M. Courbet-Poulard, en effet, est le président de la commission d'intérêt local. Il l'a toujours été, il l'est, il le sera toujours.

Comme ses collègues ont apprécié sa haute valeur intellectuelle, et sa facilité à manier la phrase (la grande surtout) ils prennent un malin plaisir à le nommer rapporteur d'une foule de projets de loi d'intérêt local.

Lorsque M. Courbet-Poulard a un rapport à faire, qu'il s'agisse de la commune de Fouilly-aux-Oies ou de la grande cité de Paris, il taille la même plume, la trempe dans la même encre, appuie sa main sur son front et écrit....

Mais avec quel art, quelle habileté ! comme cela coule de source ! comme dès les premières lignes on aperçoit le penseur ! quelle profondeur d'idées ! quelle largeur dans les vues !

Vous croyez, peut-être, que je plaisante. Incrédules, lisez ! lisez ce début d'un rapport sur un traité passé entre la Ville de Paris et la Compagnie du gaz ! lisez et admirez !

« *Le jour où* elle put commencer à respirer un peu ; *le jour où*, à peine échappée aux cruelles étreintes de la guerre civile et de la guerre étrangère, elle put *enfin soulever la tête pour essayer de se reconnaître au milieu du sang et des ruines ; ce jour-là*, Messieurs, la *ville de Paris dut avoir l'âme bien profondément désolée* ! Quel horizon affreux que celui qui s'ouvrit devant elle.... *l'horizon de l'inconnu...*

« Mais comment remédier à la fois, Messieurs, à tant de maux accumulés ! Comment suffire à tant de réparations... réparations de toute nature si formidables et pourtant si impérieuses ? *Car, par un phénomène qui se reproduit dans toutes les grandes crises sociales et même dans toutes les grandes crises politiques, les besoins montaient, montaient toujours, alors que parallèlement les ressources baissaient, baissaient encore sans s'arrêter dans leur chute !!!* »

Que dites-vous de cet échantillon de littérature parlementaire ?

Et tous les rapports de M. Courbet-Poulard, s'agit-il d'une somme de 35 centimes ou de 35 mille francs, sont montés à ce diapason !

Heureux Abbevillois qui possédez pour administrateur une aussi vaste intelligence, que ne la conservez-vous précieusement chez vous ! Elle ferait l'ornement de la Picardie ! On viendrait de tous les villages à la ronde pour l'admirer ! Mais à Versailles elle est incomprise, elle est méconnue ! Elle ne sert qu'à faire les délices de M. Henri Monnier qui, lorsqu'il la contemple, croit avoir trouvé enfin l'original de M. Joseph Prud'homme !

### COMMISSION D'INITIATIVE PARLEMENTAIRE.

Celle-ci est de trente membres. Elle est chargée d'examiner les propositions émanant de l'initiative parlementaire et de donner son avis sur la prise en considération.

—⁂—

Voici donc la filière que suit une proposition avant d'être discutée en séance publique.

Toute proposition faite par un représentant est formulée par écrit. Elle est remise au président qui, après en avoir donné connaissance à l'Assemblée, la renvoie à l'examen de la commission d'initiative.

Dans les dix jours, cette commission présente un

rapport sommaire sur chacune des propositions renvoyées à son examen.

Ce rapport conclut au rejet pur et simple ou bien à la prise en considération de la proposition.

Si le rejet pur et simple est prononcé, la proposition est parfaitement enterrée. Elle ne peut être ressuscitée, revenir sur le tapis avant un délai de six mois.

Si au contraire, la prise en considération est votée, la proposition est renvoyée à l'examen d'une commission spéciale qui est nommée par les bureaux.

## COMMISSIONS SPÉCIALES.

Nous avons esquissé plus haut quelles luttes s'engagent dans les bureaux, entre les représentants des divers groupes politiques, pour la nomination des commissaires, quelle importance chacun attache à les avoir dans son camp.

Ces mêmes luttes se reproduisent au sein de la Commission lorsqu'il s'agit de choisir le Président, le secrétaire ou de nommer le rapporteur.

Lorsque le choix est fait, le président donne la parole au commissaire du premier bureau. Il le prie de faire connaître la mission que lui ont confiée les membres qui l'ont élu, de parler *pour*, *contre* ou *sur* la proposition. Le commissaire du second bureau se lève ensuite et exprime l'opinion de ses collègues. De même pour les quinze commissaires.

Puis la discussion s'engage, d'abord sur l'ensemble de la proposition, puis sur le détail des articles.

L'auteur de la proposition, s'il ne fait point partie de la commission, a le droit d'assister avec voix consultative aux séances. S'il y a plusieurs auteurs d'une même proposition, ils doivent désigner un d'entre eux qui les représentera auprès des commissaires.

Tous les projets ou propositions qui se rattachent de près ou de loin à une question examinée par une commission spéciale, l'Assemblée peut, si elle le juge convenable, en saisir cette commission.

Les pétitions aussi peuvent être envoyées directetement à la commission saisie d'un projet sur le même sujet.

Lorsque la discussion est épuisée, la commission

vote au scrutin pour savoir si elle défendra le projet, le repoussera ou le modifiera.

On nomme ensuite, à la majorité absolue, le rapporteur. Il a mission d'exprimer aussi fidèlement que possible l'opinion de la majorité des commissaires.

Le rapport terminé est lu devant tous les membres de la Commission. On en discute avec soin les idées et jusqu'aux moindres termes. Ce n'est qu'après un nouveau vote qu'il est définitivement arrêté et déposé sur le bureau de l'Assemblée.

Il est rare que les conclusions du rapport d'une commission ne soient pas acceptées par l'Assemblée.

## COMMISSION DU BUDGET.

Une commission très-importante est la *Commission du budget*. Elle est composée de 30 membres et chargée de l'examen de la loi des recettes et des dépenses.

Tous les projets de loi portant demande de crédits supplémentaires ou extraordinaires afférents aux exercices courants, clos ou périmés, sont renvoyés également à la commission du budget. De même tous les projets ou propositions de loi qui peuvent avoir pour effet de modifier les recettes ou les dépenses de l'Etat.

L'Assemblée peut néanmoins, si tel est son plaisir, renvoyer à une commission spéciale l'examen des projets que nous venons d'énumérer. Mais cette commission ne peut que faire un rapport sur l'ensemble du projet, sans pouvoir proposer d'imputations de crédits. Et si ses conclusions sont favorables au projet, elle est tenue de les communiquer à la commission du budget qui, dans les dix jours, donne son avis.

Les membres de la commission du budget jouissent d'une très-grande considération dans le sein de l'Assemblée et même au dehors. Cela se conçoit facilement. Lorsque l'on tient les cordons de la bourse, on est toujours considéré, même lorsqu'on ne mérite point de l'être.

## COMMISSIONS D'ENQUÊTE ET COMMISSIONS DIVERSES.

L'Assemblée de Versailles, oubliant un peu son origine et le mandat spécial que lui confièrent les électeurs, a voulu porter la main sur une foule de questions difficiles et importantes.

C'est à cet effet qu'elle a nommé des commissions d'enquête.

Il y en a de très-importantes. Citons entre autres les huit commissions nommées à Bordeaux pour éclairer l'Assemblée sur les ressources de la France; la commission du 18 mars; celle du 4 septembre; les commissions d'enquête sur le régime des prisons, sur le régime des chemins de fer, etc.

Quant au résultat pratique de ces commissions, chacun sait quel il est.

Nommer une commission d'enquête c'est enterrer une question avec tous les honneurs qui lui sont dus.

Les commissions du 18 mars et du 4 septembre font exception. Œuvres de parti, elles réveillent les haines, et, avec les meilleures intentions, poussent néanmoins à l'excitation et au mépris des citoyens les uns contre les autres. Témoin la déposition du sieur Nicolas, de Marseille.

A côté de ces commissions d'enquête siégent d'autres commissions, non moins importantes, comme la commission de révision des services administratifs; la commission d'examen des marchés passés par les administrations publiques pendant la guerre de 1870-71 ; la commission chargée de donner son avis sur les recours en grâce ; et la commission qui cherche à organiser l'assistance publique dans les campagnes.

—⁂—

Toutes ces commissions ont une durée inégale.

La commission du budget siége toute l'année.

Les commissions mensuelles ne finissent leurs travaux que lorsqu'elles ont examiné toutes les propositions qui ressortent d'elles et qui se sont produites dans le mois de leur nomination.

Les commissions d'enquête subsistent jusqu'au jour où leurs rapports ont été discutés en séance publique.

—⁂—

On le voit, le travail ne manque point pour les députés travailleurs. Ceux qui veulent remplir en conscience leur mandat, ont souvent plus d'ouvrage qu'ils n'en peuvent expédier.

Taxer un député qui ne prend jamais la parole en séance publique de paresseux et de fainéant, serait aller souvent à l'encontre de la vérité.

Celui-là travaille d'ordinaire beaucoup plus que celui-ci, qui se complait à parader sur les planches de la tribune, et prend plaisir à offrir à ses électeurs des tranches d'éloquence politiqne.

Si l'Assemblée ne renfermait que des orateurs,

les séances publiques seraient peut-être plus intéressantes, mais pour sûr les affaires du pays marcheraient encore plus mal.

C'est dans les bureaux, dans les commissions que les députés se forment aux affaires. Il serait injuste de nier que la plupart d'entre eux se donnent tout entiers à ce travail incessant, qu'ils y apportent une grande bonne foi et un réel souci des intérêts de la nation.

Mais il faut reconnaître aussi, qu'en séance publique, il n'en est point de même. La tribune, ce tréteau politique, tourne la tête à l'orateur. Adieu la bonne foi, les meilleures intentions! On joue la comédie. Chacun veut être grand premier rôle. Chacun cherche les applaudissements et, pour les cueillir, fait jouer toutes les ficelles parlementaires.

# CHAPITRE II

## LES DÉPENDANCES

1. — SALLE DES PAS-PERDUS.

La galerie des tombeaux. — La famille d'Orléans. — Via sacra. — Attrait du fruit défendu. — Les reporters. — La niche aux journalistes. — La cour de madame Thiers et de mademoiselle Dosne.

2. — LA BUVETTE.

La buvette impénétrable. — *In vino veritas.* — Le comptoir sans zinc. — La buvette sous l'Empire. — La buvette sous la République. — On boit trop. — Suppression des vins fins. — Inutilité de la loi sur l'ivresse pour la buvette de l'Assemblée. — Le pompier de service. — Comment on boit. — Comment on économise un déjeuner. — La fiole de M. X... — Cabinets de toilette; Water-closets.

3. — LA BIBLIOTHÈQUE ET LA SALLE DES CONFÉRENCES.

Littérature mêlée. — Les liseurs de journaux. — M. Raudot. — M. Jean Brunet. — Les poésies de M. de Lorgeril. — La salle des conférences. — Comment un grattoir a tué un député. — Cachez le sucre! — Le bibliothécaire de l'Assemblée, M. Miller.

## LA SALLE DES PAS PERDUS

La salle des Pas-Perdus à Versailles présente un

aspect funèbre. On dirait une succursale des tombeaux du Panthéon ou de Saint-Denis.

C'est, en effet, à cet usage qu'a été convertie la galerie dite des tombeaux. Mais rassurez-vous, ces tombeaux sont vides de locataires.

—❖—

C'est une immense galerie d'environ cent mètres de long et de cinq mètres de large au plus.

A droite et à gauche des statues, des tombeaux des rois France, des reines de la main droite et de la main gauche et des principaux personnages de notre histoire, moulés d'après les originaux existant dans l'église de Saint-Denis. On y voit Clovis et Clothilde; Pépin le Bref et Berthe; François Ier et Diane de Poitiers; Louis IX, Robert II, Henri Ier, Louis VI, Louis VII, Philippe II, III, et IV Louis X; le cardinal archevêque de Rouen, Georges d'Amboise, avec son nez qui n'en finit plus; les comtes d'Artois et de la maison d'Eu, recouverts de leur cotte d'armes à fleurs de lys, et les statues couchées de quelques grands maîtres de l'ordre de Malte, qui semblent aplaties comme des fleurs dans un herbier.

Au milieu de la galerie, se trouve le mausolée de Ferdinand V et d'Isabelle de Castille. C'est un monument du XVIe siècle, moulé d'après le tombeau placé dans la chapelle royale de l'église de l'Ange-Gardien, à Grenade.

Une chose à remarquer, c'est que la famille d'Orléans est largement représentée dans cette galerie. Louis de France, duc d'Orléans, et Valentine de Milan, son épouse, sont là couchés sur leurs tombeaux avec le traditionnel lévrier aux pieds. On y voit aussi Charles d'Orléans, duc d'Orléans et de Milan; Philippe d'Orléans, comte de Vertus; Charles de France, duc d'Orléans, etc...

Le duc d'Aumale et le prince de Joinville doivent se trouver là en famille.

—◇—

La salle des Pas-Perdus est un lieu sacré d'où les profanes sont impitoyablement chassés. *Via sacra!*

Ce qui fait qu'elle a tout l'attrait du fruit défendu et que chacun aspire à y pénétrer.

Les députés sont là chez eux, loin des yeux des importuns, des curieux. Là se nouent les intrigues, les petites conspirations cousues de fil blanc. On cherche à gagner les voix, on décide les hésitants, on trompe les décidés, et tous ces imbroglios vont se dénouer en séance publique. Les députés se savent là en famille. Ils laissent voir leurs craintes, leurs joies, leurs soucis. Ils se déboutonnent entre eux, — au moral, bien entendu.

C'est là où les affamés de nouvelles cherchent à entrer. Les reporters des grands et petits journaux essayent d'apaiser les cerbères qui en gardent l'entrée. Peines perdues ! ceux-ci sont inflexibles. La consigne est sévère.

Un reporter, après mille tours d'adresse qui feraient pâmer d'aise Clevermann, est-il parvenu à se faufiler au milieu des groupes des députés, les huissiers, qui ont le flair, ne tardent pas à l'apercevoir. Vite on flanque à la porte l'indiscret, et on le contraint à se reléguer dans la niche spécialement réservée aux journalistes.

Niche est le mot vrai.

Pour concilier, en effet, les besoins de la presse et la discrétion nécessaire aux commérages des députés, on a eu l'intelligente idée de donner aux journalistes un petit réduit, long, étroit, mal aéré, mal éclairé. Les fenêtres de ce réduit ont vue sur la salle des Pas-Perdus. D'énormes barres de fer, scellées aux parois et épointées par en haut, donnent à ce réduit l'aspect d'une cage à bêtes féroces.

Les journalistes, qui, après tout, sont bons enfants, en ont pris gaiement leur parti, et n'en cueillent pas moins les nouvelles à travers les barreaux de leur cage.

On les leur jette un peu, il est vrai comme on jette le pain bis à l'ours du Jardin des plantes.

—◇—

Les étrangers sont plus favorisés que les journalistes. Quelquefois un député, enfreignant la consigne, peut les introduire, et ceux-ci sortent ensuite, très-fiers d'avoir pénétré dans la salle des Pas-Perdus.

Mais la consigne se tait devant Madame Thiers et Mademoiselle Dosne. Lorsque le président de la République vient à la séance, il est souvent accompagné de sa femme et de sa belle-sœur. Et alors c'est à qui s'empressera autour de ces deux reines du jour. Quelle cour ! quels courtisans !

Quant à M. Thiers, il laisse ces dames recevoir tous les compliments et toutes les adulations dont la flatterie éternelle entoure les souveraines, et on le voit trottiner rapidement vers la salle des séances, en saluant de droite et de gauche, le tout avec la vivacité qu'on lui connaît.

## LA BUVETTE

C'est le lieu le plus fréquenté, le plus animé, le plus bruyant.

C'est le lieu sacré par excellence. C'est le sanctuaire. Nul profane n'en franchit le seuil. Les mystères de la buvette sont aussi impénétrables que ceux d'Eleusis.

*In vino veritas!* Que de secrets, en effet, ne saisirait point le vulgaire s'il pénétrait dans cette salle où les sirops et les vins coulent à flots! Comme il verrait visibles toutes les ficelles qui mettent en mouvement nos sept cent cinquante souverains! Comme il découvrirait les mobiles cachés de la conduite des hommes et des partis! Comme il mettrait le nez dans tous les *verres d'eau* de la politique! *In vino veritas.*

La buvette est une vaste salle rectangulaire formée d'une partie de l'ancienne scène de l'Opéra et du foyer des acteurs. Elle est éclairée par trois grandes fenêtres qui donnent sur la rue des Réservoirs. Au milieu, deux cheminées au gaz. Tout autour, des armoires où les députés viennent placer leurs chapeaux et leurs pardessus, et des casiers où ils prennent leurs lettres.

Devant les fenêtres, un immense comptoir où s'étalent, innombrables, des bouteilles de toutes formes, de toutes dimensions, de toutes couleurs, des brioches, des petits pains. N'était le zinc traditionnel qui manque, on se croirait chez un marchand de vin à la mode.

—❧—

Sous l'empire et pendant l'année 1871, les frais de la buvette étaient payés par le budget de l'Assemblée. On y consacrait environ 50,000 francs. Mais les prévisions étaient toujours dépassées, comme dans les devis de tout bon architecte.

C'était alors le bon temps. Aucun vin, aucune liqueur ne manquaient. Il y avait de tout, depuis les vins du Midi jusqu'aux vins du Rhin. La pâtisserie, et la meilleure, était aussi largement représentée. On se serait cru chez Rouzé ou chez Tortoni.

Hélas! cet heureux temps a fui!

A la fin de l'année 1871, quelques députés s'imaginèrent qu'il était peu conforme à leur dignité de grever le budget de l'État de ces dépenses folles et de se rafraîchir ainsi aux frais de la nation.

La commission de comptabilité demanda que désormais les dépenses de la buvette fussent couvertes par les consommateurs eux-mêmes. L'Assemblée n'osa pas refuser, et il fut décidé que chaque député laisserait, sur son indemnité, mensuelle la modique somme de cinq francs pour subvenir aux frais de la buvette, soit 45,000 francs par an.

—◇—

On laissa la buvette organisée sur le même pied. On continua à donner, comme par le passé, tout à discrétion, — et même à indiscrétion.

Mais après trois mois, on s'aperçut avec terreur que les 11,000 francs du premier trimestre étaient dépassés de 8,000 francs. Il n'y avait pas à se le dissimuler : on buvait trop. Chacun voulait en boire pour son argent. On ne gardait aucun ménagement.

Il fallut remédier à cette situation ou bientôt, tout le crédit étant mangé, on se serait trouvé dans la dure nécessité de danser pendant six mois devant le buffet.

Les questeurs accomplirent alors une révolution — dans la buvette, bien entendu. Le madère, le malaga, le rhum, le xérès, etc.., en un mot tous les vins de luxe n'eurent plus droit de cité au comptoir de l'Assemblée. Les gâteaux furent chassés. Les brioches à deux sous furent remplacées par des brioches à un sou. Ingénieuse idée qui fait que les députés, depuis ce temps-là, mangent deux brioches au lieu d'une.

Ce fut une journée mémorable que celle où s'accomplit cette révolution. Elle restera à jamais gravée dans la mémoire de ceux qui, hôtes fidèles de la buvette, arrivèrent dès le matin et virent le fameux comptoir, veuf de ces joyeuses dames-jeannes à ventre rebondi, qu'ils prenaient tant plaisir à contempler et surtout à vider.

On cria, on protesta. Mais les questeurs montrèrent les comptes...

La cigale ayant chanté,
Tout l'été...

On baissa la tête. Il n'y avait rien à dire, en effet.

—⁂—

Aussi la buvette ne renferme-t-elle plus maintenant que des liquides bien anodins : des sirops de gomme, d'orgeat, de limon, de groseilles, de cerises; du café, du cognac; de la bière; du vin de Bordeaux; du chocolat, du thé, du lait, du bouillon. Chaque jour cent brioches et cent petits pains à un sou, dix kilogr. de viandes pour le bouillon, quatre litres de lait. Tous les dix jours une barrique de vin de Bordeaux. On boit environ soixante-dix bouteilles de bière par jour. C'est la plus forte consommation.

Non, avec un pareil régime, jamais la loi sur l'ivresse ne pourra être appliquée à la buvette de l'Assemblée !

Aussi ne s'est-on point donné la peine de l'afficher au-dessus du comptoir, au mépris de la prescription formelle qu'elle contient.

Les députés laissent à la porte de la buvette l'air guindé et rèche qu'ils affectent devant le public. Devant le vin et les liqueurs, ils reprennent leur véritable aspect et ne cherchent point à cacher leur caractère.

Les discussions les plus interminables et les plus échevelées s'y font entendre. C'est un bruit assourdissant de verres, de bouteilles et de voix, un va-et-vient continuel.

Seul, grave, muet, impassible dans son coin, se tient le pompier de service. Toutes les deux minutes il se lève lentement, dignement, et avertit un député : *Ké il être téfentu te foumer ici.* Puis il retourne s'asseoir avec non moins de dignité. A peine a-t-il le dos tourné que le député recommence. Et ce manége dure toute la journée.

Chacun boit selon son tempérament et sa capacité.

Au temps où les vins fins s'épanouissaient sur le

comptoir, M. X..., gros, court, trapu, à face rubiconde, venait dès dix heures du matin à la buvette. — *Garçon, un verre de malaga.* — *Boum!* Cinq minutes après : — *Garçon, un verre de malaga.* — *Boum!* Et ainsi de cinq minutes en cinq minutes. A midi, au plus tard, M. X... avait bu sa bouteille de malaga. A trois heures il recommençait, mais avec du madère.

Le petit ..... venait à la buvette de bon matin. Biscuits et verres de malaga, tout y passait. Ce qui le conduisait jusqu'au déjeûner. Alors il prenait une tasse de thé ou de bouillon, agrémentée de plusieurs petits pains et suivie d'une tasse de café. A trois heures, une tasse de chocolat— ce qui le conduisait jusqu'au dîner.

C'est ainsi que l'on peut économiser un déjeuner à la buvette de l'Assemblée.

M. X... avait sous l'empire une singulière habitude.

Il demandait un verre de rhum. Il le dégustait longuement, en connaisseur. — *Il est bon, votre rhum,* disait-il au garçon. Puis mettant la main à la poche de son paletot, il en tirait une petite fiole. — *Ah! tenez,* disait-il négligemment en présentant la fiole, *emplissez-la moi donc!*

A côté de la buvette se trouvent les cabinets de toilette des députés. C'est là où, avant de monter à la tribune, on vient se donner un coup de peigne. C'est là où l'on arrange artistement sa cravate, où l'on étudie devant la glace les poses, les effets, comme doit le faire tout bon acteur. Le fard seul manque. C'est dommage! Le physique devrait se grimer là comme le moral.

A côté des cabinets de toilette se trouvent les cabinets d'aisances. Mais vous n'éprouvez pas sans doute le besoin d'entrer là. Passons.

## LA BIBLIOTHÈQUE ET LA SALLE DES CONFÉRENCES

La bibliothèque, à Versailles, n'est qu'une bibliothèque provisoire. Elle renferme à peine deux mille volumes. Ce sont des recueils de lois, des collections de journaux, et des livres de polémique depuis *Lui et Elle*, histoire graveleuse de Bonaparte et d'Eugénie, jusqu'aux *Questions constitutionnelles* du comte de Chambrun. C'est un peu mêlé comme on voit. Mais, à Versailles, on n'a pas le temps de lire ; la roue de la politique vous entraîne à toute vitesse.

—◈—

Aussi voyez les députés dans cette grande salle au plafond élevé, tapissée d'immenses tableaux représentant les guerres d'Afrique ; voyez comme ils travaillent et ce qu'ils font. Deux grandes tables leur sont réservées : sur l'une on écrit, sur l'autre on trouve tous les journaux.

Voyez avec quelle impatience ils s'emparent des feuilles du jour, avec quelle fébrilité ils les tiennent, avec quelle rapidité ils les parcourent ! Comme ils dévorent cette polémique ! tout prêts à riposter si on les attaque trop vivement.

—◈—

A l'autre table se tiennent les travailleurs, les bûcheurs, les piocheurs, *les forts en thème*, comme on dit au collège.

Là vous voyez l'éternel M. Raudot, l'entêté bourguignon. Il est couché sur d'infinissables cartes topographiques. Il gravit les chaînes de montagnes, il suit les cours d'eaux, il traverse les vallées, il parcourt les plaines et les bois. S'il fait d'aussi longues routes c'est qu'il cherche un nouveau tracé de chemins de fer. M. Raudot ne rêve que locomotives et voies ferrées.

L'apocalyptique Jean Brunet est toujours là, lui aussi. Livres de spiritisme et de magnétisme, telle est sa nourriture quotidienne.

Le poëte breton, — quelques-uns disent le versificateur, mais notre politesse va jusqu'à la flatterie, — le poëte breton, Hippolyte, vicomte de Lorgeril, est un des plus beaux ornements de la bibliothèque. Il lit, ce sont des vers. Il écrit, ce sont des vers. Il a fait venir tout exprès pour lui le recueil des vieux poëtes. Il les épluche avec soin. C'est sans doute dans ces antiques recueils, vénérables débris des temps héroïques du roi Arthur, des chevaliers de la Table ronde et de l'enchanteur Merlin, qu'il a trouvé les nouvelles formes de vers auxquelles il donne droit de seigneurie dans ses poëmes. Aussi le voit-on ne point dédaigner de chanter Henri V et de célébrer les fleurs de lys sur des vers de treize. quatorze ou quinze pieds, de vrais mille-pattes en un mot. Un naturaliste trouverait dans ses poëmes toutes les variétés des *myriapodes*.

Hippolyte a commis un énorme in-octavo qui s'intitule fièrement : *Poésies du vicomte de Lorgeril*, et il en a inondé la bibliothèque. Partout on le rencontre : dessus les tables et — quelquefois dessous.

La salle des conférences est une dépendance de la bibliothèque. Mais là il n'y a point de livres : rien que des journaux et des revues.

C'est à la salle des conférences que se rendent les députés pour faire leur correspondance.

Les tables sont couvertes de papier, d'enveloppes, de plumes, de canifs, de grattoirs, de crayons.

Les députés ont le droit de s'en servir. Quelques-uns prennent aussi le droit de les emporter.

Sous l'empire, un député monte un jour à la salle des conférences, prend des grattoirs, les fourre dans la poche de sa redingote et redescend. Quelques heures après il sort, rencontre un ami et tous deux montent en voiture. Le député s'assied. Les grattoirs, auxquels il ne pensait plus, pénètrent brusquement dans la partie la plus charnue de son individu. Ça fut cause de sa mort.

Toujours à la même époque, un grand manufacturier, le baron ..., venait souvent à la salle des conférences. A peine les huissiers le voyaient-ils apparaître qu'ils se renvoyaient les uns aux autres, comme des sentinelles vigilantes, ces mots : *Cachez le sucre!*

C'est que ce baron, riche à millions, avait en effet une manie, celle de prendre le sucrier et d'en vider le contenu dans ses poches.

Car à la salle des conférences il y a des verres, des carafes, de l'eau et du sucre. Mais il n'y a que cela. Ce qui fait qu'elle est moins fréquentée que la buvette.

Le bibliothécaire de l'Assemblée est un de nos plus savants hellénistes, M. Miller.

Né à Paris en 1812, M. Miller est entré en 1834 à la bibliothèque royale comme employé au département des manuscrits. Il fut chargé ensuite de plusieurs missions en Italie et en Espagne. On lui doit une édition des *Poésies inédites du poëte grec Manuel Phile*, un *Recueil d'anecdotes grecques*, la restitution du texte d'un manuscrit rapporté du mont Athos et attribué à Origène : *Réfutation des hérésies*, etc.

En 1849, M. Miller fut nommé bibliothécaire de l'Assemblée, en remplacement de M. Beugnot.

En 1860, il fut élu membre de l'Académie des inscriptions et belles-lettres, où il succéda à M. Ph. Lebas.

M. Miller a donné une excellente traduction de *l'Éloge de la Calvitie*, de Synesius.

Nous en recommandons la lecture à plus d'un député de la droite.

# CHAPITRE III.

## LES OFFICES.

### 1. — LA PRÉSIDENCE.

Ce que l'on y fait. — Les deux présidents : de droit et de fait. — L'indispensable M. Valette. — Le traitement du Président. — Le sceau de l'Assemblée.

### 2. — LA QUESTURE ET LES QUESTEURS.

Ce que l'on fait à la questure. — Les trois questeurs. — M. Baze, le questeur par excellence. — Le secrétaire général de la questure, M. Clavel.

### 3. — LES ARCHIVES. — LES PROCÈS-VERBAUX. — LA DISTRIBUTION

Ce que l'on serre aux archives. — Papiers et toiles d'araignées. — L'expédition des lois. — La distribution du jour. — Ce que coûtent les députés qui ont des idées. — Dernier asile des projets de loi et rapports.

### 4. LA STÉNOGRAPHIE ET LE COMPTE-RENDU.

Publicité des débats. — Comment quelques députés la comprennent. — Une facétie de M. le comte Jaubert. — Le service sténographique. — Le compte rendu analytique. — M. Emile Ollivier et son *cœur léger*.

### 5. — LA CAISSE.

Ce que coûte l'alimentation de la marmite législative. — Morale.

## LA PRÉSIDENCE

De tous les offices dépendant des cuisines c'est ici, dans la marmite législative, le premier. C'est ici que l'on serre précieusement les ragoûts, les sauces, les épices, tout l'attirail culinaire qui sert à relever le morceau capital qui doit bouillir dans la marmite.

C'est à la Présidence que les projets de loi, les rapports, les amendements sont catalogués avec soin, et inscrits dans leur ordre de présentation.

C'est à la présidence que l'on prépare le dossier de la séance, que l'on rédige l'ordre du jour, que l'on tient la liste des députés qui ont demandé la parole sur chaque question.

A la présidence il y a deux présidents :

Le président légal, celui qui est nommé par l'Assemblée et qui change aussi souvent que celle-ci le désire ;

Le président de fait, qui n'est point soumis au vote de l'Assemblée et qui ne change point.

Le premier s'est appelé Grévy. Il s'appelle maintenant Buffet.

Le second est M. Valette qui porte le titre officiel de secrétaire général de la présidence et qui est bien connu de tous ceux qui fréquentent l'Assemblée.

—◈—

M. Valette est l'indispensable des assemblées parlementaires.

Les présidents passent. Lui est resté, reste et restera jusqu'à sa mort.

Après vingt-cinq années de service il a pris sa retraite. Mais il continue néanmoins son service par dévouement, dit-il. Un peu aussi par habitude.

Et, en effet, lui seul connaît à fond tout le fatras des bagages parlementaires.

Lorsqu'un incident surgit à la séance, on voit sa tête blanche se pencher vers le fauteuil du président. Il apparaît toujours le règlement à la main. Il connaît tous les précédents, et il dicte au président sa conduite. Il est le président de fait, et de fait le directeur souverain des séances. Il juge sans appel.

Le président est logé au palais de Versailles. Il occupe les anciens appartements de Louis XIV. La nation lui donne le mobilier, le chauffage, l'éclairage, un nombreux domestique et 73,000 fr. d'indemnité.

Sous l'empire, le président avait une position plus lucrative : 100,000 fr. d'indemnité, 15,000 fr.

comme député et 30,000 fr. de frais de représentation.

Le président de l'Assemblée nationale est de moitié moins bien traité, mais il a sur celui du régime impérial cet avantage qu'on l'estime et qu'on l'honore.

A la présidence se trouve le sceau de l'Assemblée. C'est lui que l'on place sur les lois et qui leur donne le cachet de l'authenticité.

Le sceau de l'Assemblée nationale de Versailles est le même que celui de l'Assemblée de 1848.

Il a environ 8 centimètres de diamètre. Il porte en exergue ces mots : *Assemblée nationale*. Au centre, la loi sous les traits d'une femme drapée du costume romain. Elle est debout, les bras demi nus. La main droite repose sur les tables de la loi, la main gauche, appuyée sur un fût de colonne d'ordre ionique, tient les balances de la justice. Devant les tables de la loi, une urne étrusque, symbole de l'élection. Au second plan à droite, le caducée, symbole du commerce, les épis de l'agriculture, la roue de l'industrie; à gauche, un chapiteau renversé, un compas, une plume, une lampe allumée, symboles des arts et des sciences.

—◇◇—

## LA QUESTURE ET LES QUESTEURS

Toute l'administration intérieure de l'Assemblée, personnel, comptabilité, matériel, ressort de la questure.

Il y a trois questeurs. Ils sont nommés par l'Assemblée pour un an et rééligibles. Ils font partie du bureau.

Parmi les questeurs, on en choisit toujours un qui appartient à l'armée. C'est de tradition. On veut qu'en cas d'atteinte portée à la liberté de l'assemblée, un des questeurs puisse avoir autorité sur la force armée. Cela ne servit guère cependant au coup d'Etat de décembre, où M. Leflô fut arrêté dans son lit et où le questeur qui opposa la plus énergique résistance fut un avocat, M. Baze. Mais n'importe, c'est la tradition.

L'Assemblée a toujours eu, à Bordeaux comme à Versailles, les mêmes questeurs : MM. Baze, Princeteau et le général Martin des Pallières.

Mais un seul est véritablement questeur, c'est M. Baze.

M. Baze est en effet le questeur des questeurs, le questeur par excellence. Il est né pour être questeur. Si la questure n'avait point existé, il l'eût inventée.

Il était questeur sous l'Assemblée de 1848. Il l'a toujours été sous l'Assemblée de Versailles. Aussi longtemps que M. Baze siégera dans une assemblée, il sera questeur.

Et il sait être à la hauteur de sa tâche.

Tous les détails, de son administration, jusqu'aux plus infimes, lui passent sous les yeux — et, pour la vue, il rendrait des points à Argus.

Il sait par cœur la fable de Lafontaine, l'*Œil du maître*, — et il en pratique la morale à la lettre.

Il est toujours présent à l'Assemblée. Les vacances n'existent point pour lui.

Il dirige tout, il surveille tout, il commande tout, il signe tout. Ses collègues ne sont pour lui que des conseils.

Il est maître dans la questure comme Bonaparte l'était dans le consulat,

M. Baze a la réputation d'avoir un caractère un peu difficile. On le dit violent, emporté, mais il est originaire du Lot-et-Garonne, ce qui explique bien des choses. On ne saurait demander aux hommes du Midi la froideur et la réserve des hommes du Nord.

Chassez le naturel, il revient au galop.

Mais cette enveloppe un peu rugueuse et piquante recouvre une âme droite, loyale et un caractère très bienveillant. Quand on s'adresse à M. Baze, on le trouve toujours. C'est un bourru, — mais un bourru bienfaisant.

M. Baze a une monomanie, c'est la haine du journaliste. Tout ce qui se rattache de près ou de loin aux journaux il en a une défiance instinctive.

M. Baze aime la chasse — mais c'est la chasse au journaliste. Quotidiennement, on le voit opérer un steeple-chase dans les coulisses de l'Assemblée. Découvre-t-il par hasard un reporter, il le fait flanquer à la porte avec de très faibles égards et il faut reconnaître que, pour quelques-uns, il n'a pas tout-à-fait tort.

Si M. Baze déteste les journalistes, ceux-ci le lui rendent bien.

Mais M. Baze est inflexible.

Il a toujours le dernier mot.

—⁂—

La politique se plaît aux contrastes. A côté de la vivacité et de la pétulance de M. Baze elle a placé le calme, la froideur de M. Clavel.

M. Clavel est le secrétaire général de la questure.

Il est à la questure ce que M. Valette est à la présidence.

M. Valette s'occupe de tout ce qui concerne les travaux législatifs, M. Clavel de toute l'administration intérieure.

Aussi le secrétaire général de la questure est-il un personnage important. Tous les travaux qui passent sous les yeux des questeurs, c'est lui qui les prépare. On peut dire de lui qu'il est questeur en second, — mais un questeur nullement exposé aux vicissitudes de la politique.

Quand les étrangers viennent à l'Assemblée et désirent assister à la séance, c'est à M. Clavel qu'ils s'adressent, et ils n'ont toujours qu'à se louer de sa bienveillance.

Les questeurs, comme le Président, sont logés au Palais de l'Assemblée.

La nation couvre leurs dépenses comme elle couvre celles du Président.

## LES ARCHIVES. — LES PROCÈS VERBAUX. — LA DISTRIBUTION.

C'est aux archives que viennent s'enfouir les procès-verbaux des séances, les pièces qui ont servi aux discussions des bureaux et des commissions, les dossiers des élections.

C'est aux archives que l'on prépare les tables analytiques des projets de loi, des rapports, des amendements.

C'est aux archives que l'on tient le registre des signatures de tous les membres des diverses assemblées qui se sont succédées.

Chaque député a le droit de voir les pièces renfermées aux archives.

Il y a aux archives beaucoup de toiles d'araignées.

Car les députés aiment peu la paléographie.

Lorsqu'un projet de loi, un rapport est déposé sur le bureau de l'Assemblée, le Président le remet au secrétaire général, M. Valette, qui le transmet au chef du Bureau des procès-verbaux.

Celui-ci est chargé de faire copier le document et de l'envoyer à l'imprimeur. Il en surveille l'impression, corrige les épreuves et reçoit les exemplaires. De même pour les amendements.

—⁂—

Le bureau des procès-verbaux a mission aussi de transcrire sur parchemin les lois et résolutions votées par l'Assemblée. On envoie ensuite le parchemin à la présidence pour y faire graver le sceau, De là, il va s'enfouir aux archives.

C'est au bureau des procès-verbaux qu'arrivent les pétitions. C'est là qu'elles sont classées, cataloguées, numérotées. C'est de là qu'elles partent pour entrer à la commission des pétitions.

Le Bureau de la distribution est une annexe du bureau des procès-verbaux.

Chaque jour de séance, les députés vont chercher à ce bureau ce que l'on appelle la *distribution*. Ce sont les projets de loi, les rapports des commissions, les amendements, le feuilleton du jour, renfermant l'ordre du jour, les convocations de commissions, les nominations des présidents et secrétaires, etc. — Tous ces documents sont distribués au fur et à mesure qu'ils arrivent de l'imprimerie.

Chaque député a le droit de présenter autant de

projets de loi qu'il lui plaît. Tout écrit déposé sur le bureau de l'Assemblée est imprimé, depuis les excentricités de M. Jean Brunet jusqu'aux graves rapports de M. Bérenger. Aussi nul ne se prive du plaisir de voir ses pattes de mouche converties en caractères typographiques. Cela coûte à l'Etat environ 220,000 francs par an. Mais comme on est fier quand, rentré au logis, on montre à sa femme semblable élucubration politique : *Et moi aussi, je suis homme de lettres ! Ah ! mais !...*

Le député sue sang et eau pour donner à ses idées une forme acceptable. Elles coûtent un millier de franc d'impression. On les distribue officiellement. — Le lendemain on les vend cinq sols sur les quais.

C'est là leur avant-dernier asile. Après... elles entrent au cabinet.

## LA STÉNOGRAPHIE ET LE COMPTE-RENDU

Les représentants aiment la publicité. Ils ont cela de commun avec les artistes, chose naturelle d'ailleurs, puisque la plupart sont de vrais artistes en politique et cultivent tous les genres depuis le mélodrame jusqu'à l'opérette.

Ils se sont vivement inquiétés de la plus grande extension possible à donner à la publicité de leurs travaux.

Quelques-uns, le vicomte Hyppolyte de Lorgeril en tête, ont pensé que la publicité du *Journal Officiel*, du *Compte rendu analytique*, du *Moniteur des communes* ne suffisaient point, et ils se sont mis en quête pour faire parvenir jusqu'aux oreilles les plus récalcitrantes la longue série de leurs travaux.

Et cependant, tant la contradiction est dans l'ordre des choses humaines, ces mêmes députés voulaient refuser à la presse la faculté de publier des analyses de leurs séances.

C'est qu'ils prétendaient lui imposer leurs rédacteurs à eux, c'est-à-dire les sténographes et les secrétaires-rédacteurs.

Ce qui, entre nous, est à peu près aussi logique, que si les directeurs de théâtres voulaient imposer aux journaux des revues theâtrales et musicales, rédigées par des critiques à eux.

Aussi avaient-ils imaginé de demander que désormais le compte-rendu des séances ne consistât plus dans les journaux, que dans la reproduction, soit du-compte rendu *in extenso*, c'est-à-dire sténographique, soit du compte-rendu sommaire des secrétaires rédacteurs,

C'est-à-dire qu'ils voulaient revenir purement et simplement à la constitution de 1852, de défunte mémoire, qui, la première, imagina le compte-rendu obligatoire.

Ils ajoutaient d'un air convaincu, et avec un certain ton dégagé qui ne manquait pas de charme, que cette nouvelle loi ne portait aucun préjudice à l'appréciation et à la libre discussion des travaux de l'Assemblée.

Mais comme les journalistes n'auraient eu le droit de parler librement qu'à la condition d'insérer *au moins* l'un des comptes-rendus officiels (*au moins*, est très-joli!), on se demande avec une légère inquiétude quelle place leur fut restée pour se livrer à des exercices de libre appréciation. — A moins qu'ils ne publiassent des volumes comme le *Times*, mais nous doutons que le caractère français soit de taille à digérer quotidiennement une semblable nourriture intellectuelle.

On voit, de reste que M. le comte Jaubert était le président de la commission qui élabora ce petit monument de gaieté législative, et on sait que M. le comte Jaubert aime parfois à plaisanter.

Inutile d'ajouter que l'Assemblée a repoussé catégoriquement le projet de MM. de Lorgeril, d'Aboville et Mortimer-Ternaux.

La presse reste donc libre de publier le compte-rendu des séances de l'Assemblée comme elle l'entend, et M. de Lorgeril n'a plus à y fourrer son nez.

Le compte-rendu sténographique et le compte-rendu analytique sont, comme par le passé, mis à la disposition des journaux qui veulent les utiliser. C'est à titre gracieux qu'ils le peuvent prendre, mais c'est tout,

Il serait injuste de ne point reconnaître le soin qui préside à la confection de ces comptes-rendus.

Le service sténographique est composé de dix sténographes *rouleurs* et de six sténographes *réviseurs*, plus deux chefs de service, MM. Lagache.

Les sténographes se tiennent au pied même de la tribune et se remplacent de deux minutes en deux minutes.

Ils se retirent ensuite dans une salle qui leur est affectée et transcrivent la partie du discours qu'ils ont prise. Cette transcription est immédiatement envoyée à la composition du *Journal Officiel*.

Le service est si bien organisé et il marche avec tant de régularité et de rapidité que l'orateur, lorsqu'il descend de la tribune, peut commencer à revoir les épreuves de la première partie de son discours. Pendant cette révision les épreuves de la dernière partie arrivent. Il n'y a aucune perte de temps.

Il en est de même pour le service du compte-rendu analytique qui comprend neuf secrétaires rédacteurs, deux sous-chefs et un chef, M. Maurel-Dupeyré.

Les sténographes prennent la lettre du discours, les secrétaires rédacteurs n'en prennent que l'esprit — au figuré toujours, au propre s'il y en a.

Ce sont des hommes exercés, d'une habileté consommée. Ils font preuve d'une impartialité remarquable dans ce travail si délicat, et donnent à chaque discours une étendue égale, ou plus justement proportionnelle, non à son importance, mais à sa durée.

Ces deux comptes-rendus sont composés simultanément au *Journal Officiel*. Si bien qu'à la fin de la séance les journaux ont à leur disposition le compte-rendu *in extenso* et le compte-rendu analytique de la première moitié de la séance. Une heure après, ils peuvent avoir le tout.

Les orateurs ont le droit de revoir leur discours. Mais ils ne peuvent retoucher que la forme et nullement le fond.

On se souvient du jour où M. Emile Ollivier éprouva le besoin de dire au pays qu'il déclarait la guerre d'un *cœur léger*. Lorsqu'il vit l'impression que ce mot produisait, il voulut, en descendant de la tribune, le faire supprimer au *Journal Officiel*. Mais, malgré qu'il fut premier ministre, il vit sa volonté échouer devant la conscience des rédacteurs des comptes-rendus.

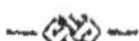

## LA CAISSE.

Pour faire bouillir la marmite. il faut du feu.

Le feu de la marmite législative c'est son budget.

L'Assemblée est souveraine. Elle a son budget à elle, indépendant du budget général de l'Etat. C'est elle qui le fixe, qui le détermine. C'est elle seule qui en contrôle la gestion. Elle a son ministre des finances qui est son trésorier.

Mais ce budget ne ressemble en rien aux autres budgets. Il n'a qu'un chapitre : celui des dépenses. Le chapitre des recettes y est inconnu.

L'installation de la marmite législative à Bordeaux a coûté 81,743 francs 31 centimes, et à Versailles la modique somme de 354, 000 francs.

C'est pendre la crémaillière à un prix élevé.

D'autant que nous ne comptons point dans cette somme le voyage des invités, — c'est-à-dire le transfert des députés de Bordeaux à Versailles. Ces voyages ont coûté en effet 104,808 francs 35 centimes.

—◇—

Les représentants touchent une indemnité de 25 francs par jour, soit 750 par mois, soit 9,000 par an. Au total 6, 642, 000 francs.

Le président a 72, 000 francs, les questeurs 9,000 francs par an d'indemnité pour leur charge, en sus de leur traitement de représentant.

—◇—

Les représentants ont le droit de toucher leur indemnité à partir du jour inclusivement où ils ont pris séance dans l'Assemblée, soit que ce jour ait précédé, soit qu'il ait suivi la vérification des pouvoirs.

Mais il n'est point absolument nécessaire d'avoir siégé pour avoir droit à l'indemnité.

On est élu, on arrive à l'assemblée, on demande un congé d'urgence au président. On prend le train suivant et l'on quitte Versailles. Cela suffit pour entrer en jouissance de l'indemnité, qui commence à partir de ce jour inclusivement.

Aucune indemnité n'est allouée au représentant dont l'élection a été annulée par l'assemblée. En conséquence, aucun payement ne peut être fait avant la vérification des pouvoirs du représentant.

L'indemnité cesse pour les représentants absents sans congé, lorsque cette absence a été officiellement constatée.

Elle cesse aussi pour ceux rappelés à l'ordre avec inscription au procès-verbal, et pour ceux frappés de censure.

Une commission spéciale est chargée de l'examen de la comptabilité des fonds alloués pour les dépenses administratives. Elle est composée de quinze membres nommés par les bureaux et pour toute la durée de l'exercice.

-⁂-

Voici les dépenses administratives les plus fortes.

Les impressions. Le nombre des propositions de loi présentées par les députés et des rapports qu'elles nécessitent est très élevé, et naturellement la dépense aussi : soit 220,000 francs par an.

Par an aussi, 90,000 francs pour les frais des dépositions des témoins devant les commissions d'enquête.

L'assemblée fait servir gratuitement à ses membres le *Journal Officiel*. Total : 32,000 francs.

Enfin le chauffage et l'éclairage reviennent à 220,000 francs par an, sans compter les frais d'installation des calorifères, des appareils à gaz etc...

-⁂-

En 1871 le budget de l'Assemblée a été de 7,640,798 francs, 75 centimes.

En 1872, il a été de 8,624,000 francs, et de même somme pour 1873.

Comme il est dans l'ordre des choses probables que cette Assemblée ne verra point se lever l'aurore de la prochaine année 1874, il en résulte qu'elle aura coûté à la nation la somme totale de :

*Vingt quatre millions, huit cent quatre vingt huit mille, sept cent quatre vingt dix huit francs, et soixante quinze centimes.*

—⁂—

## ÉPILOGUE

Telle est la marmite,
Tels sont les ragoûts,
Tel en est le prix.

—⁂—

Les *marmitons* qui préparent les sauces, les tournent et les servent font, est-il besoin de le dire ! le désespoir du *chef*.

Les longs services de celui-ci, sa grande expérience, ses vénérables cheveux blancs, rien n'arrête les *marmitons* dans les mauvais tours qu'ils ne cessent de lui jouer.

—⁂—

Le *chef* initie les *marmitons* aux meilleures recettes.

Ceux-ci les appliquent à rebours.

Il faut dn sel : ils mettent du poivre. Il faut la la douce température d'un bain-marie : ils font bouillir à grands *flous-flous*. Il faut tourner à gauche : ils tournent à droite.

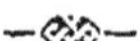

Deux fois déjà le *chef*, devant ce mauvais vouloir, a perdu patience. Il a menacé les *marmitons* de les planter là s'ils continuaient à ne point tenir compte de ses prescriptions.

Ceux-ci ont continué.

Mais le *chef*, qui aime sincèrement le *maître*, ne veut point l'exposer à être empoisonné par les drogues que confectionneraient les *marmitons* livrés à eux-mêmes, et il garde son poste — par dévouement.

Le *maître*, maintes fois, a invité le *chef* a renvoyer les *marmitons*. Mais ceux-ci se trouvent tellement bien dans la place, qu'ils se refusent à en sortir et qu'on ne pourrait les en déloger que.....— le *chef* n'aime pas la violence.

Voilà pourquoi d'aussi affreux ragoûts sortent de la marmite législative...

En vérité, le pot au feu ne vaut point ce qu'il coûte.

Le *maître* cependant n'est point difficile.

Il serait si heureux d'en avoir tout simplement pour son argent...!

*Asmodée.*

# TABLE DES MATIERES



## LIVRE PREMIER

## CE QUE L'ON VOIT

# LIVRE DEUXIÈME

## CE QUE L'ON NE VOIT PAS



921 — 5.73.— Boulogne (Seine.) — Imp. JULES BOYER et Cie.

Extrait du Catalogue ANDRÉ SAGNIER

## OUVRAGES POLITIQUES ET LITTÉRAIRES

**La Branche ainée des Bourbons** (veuve et enfants du duc de Normandie, Louis XVII) *devant la justice* par M. le comte Gruau de la barre. Édition populaire 1 fort vol. in-12. . . . . . . . . . 2 fr.

**Louis XVII**, *sa vie et sa mort*, par M. Durant. 1 vol. in 18. . . . . . . . . . . . . . . . . . 60 c.

**Prenez garde** ! on vous trompe! *ou les prétendants démasqués*, par le chevalier C. M. d'Olios. Brochure in-18. . . . . . . . . . . . . . 20 c.

**L'accusé Bazaine** par Albert Allenet avec préface de Camille Pelletan. 4e édition. 1 volume in-12. . . . . . . . . . . . . . . . . 1 fr.

**Bazaine et l'Armée du Rhin**, *souvenirs et journal d'un officier*. 2e édition. 1 volume in-12. . . 1 fr.

**La Trahison de Bazaine.** Brochure in-8°. . 50 c.

**L'Homme de Metz**, par le comte Alfred de La Guéronnière. 5e édition. 1 volume in-8°. . 1 fr.

**Comment on manœuvre contre les Prussiens**, *histoire de l'insurrection allemande en* 1849, par un Alsacien.. . . . . . . . . . . . . . . . 60 c.

**La forêt de Bondy**, *étude financière*, par Alfred Sirven. 1 volume in-12. . . . . . . . 1 fr. 50

**Un dernier fils de roi**, *histoire d'une république de singes*, par Ed. Grimard. 1 vol. in-12 . . 1 fr. 25

**Histoire de la décadence d'un peuple, de 1872 à 1900**, par Émile Second, rédacteur du *Réveil du Dauphiné*. 1 vol. in-12. . . . . 1 fr.

**Les murs de Paris en avril 1873**, Recueil des proclamations de foi, appels aux électeurs, manifestes des comités, etc., etc., publiés à Paris pendant la période électorale, par O. Monprofit. 1 vol. in-12 . . . . . . . . . . . . . . . . . 1 fr.

Jeanne et Louise, *histoire d'une famille de transportés,* roman inédit D'EUGÈNE SUE. 1 volume in-12. . . . . . . . . . . . . . . . . . . 1 fr. 25

L'Homme Noir, par ALFRED SIRVEN. Nouvelle édit. 1 volume in-12. . . . . . . . . . . . . . 1 fr. 50

Les Prussiens en Normandie, par E. DESSOLINS, rédacteur du *Journal de Rouen*. 4e édition, revue et augmentée. 1 vol. in-12. . . . . . . . . . 2 fr.

Campagne de 1870-1871, *parallèle de la défense sur la Loire et à Paris,* par ED. LEDEUIL. Brochure in-8°.. . . . . . . . . . . . . . . . . . . 1 fr.

Les Zouaves à Paris pendant le siége, *souvenirs d'un zouave*, par A. BALLUE, rédact. du *Progrès de Lyon*. 1 volume in-12. . . . . . . . . . . 1 fr.

*Tablettes de l'invasion*. Six exécutions prussiennes, racontées par un maire de campagne du département de l'Aisne (9, 10 et 11 *octobre* 1870). Broch. in-8° . . . . . . . . . . . . . . . . . . . 60 c.

Le Siége de Paris (1870-1871). Documents officiels du 19 juillet 1870 au 2 avril 1871, recueillis et publiés par JULES LEMELLE. 2e édit. 1 beau vol. in-8° de 320 pages. . . . . . . . . . . . . . . 2 fr.

Paris dans les caves (épisode du siége), dédié aux dames françaises, par FRANCISQUE DE BIOTIÈRE. 1 petit vol. in-8°, orné de 40 dessins de Boulay. 1 fr.

L'Homme de Prusse. Guillaume et Bismark dévoilés, par ANTONY WATRÉ (Timon III). 2e édit. Broch. in-8° . . . . . . . . . . . . . . . . . 50 c.

Crimes, forfaits, atrocités et viols commis par les

*Prussiens* sur le sol de la France, par ANTONY WATRÉ (Némésis). 2e édit. Brochure in-8°. . . 50 c.

*Campagne de* 1870-1871. Châteaudun (18 octobre 1870), par ED. LEDEUIL, lieutenant-colonel aux francs-tireurs de Paris. 1 beau vol. grand in-8°, avec carte. . . . . . . . . . . . . . . 3 fr.

*Journal de l'invasion.* Châteaudun (4 septembre 1870-11 mars 1871), par C. MONTARLOT. 1 fort vol. in-18 jésus, avec carte . . . . . . . . . . . . 3 fr.

Défense de Châteaudun dans la journée du 18 octobre 1870. Incendies de Varize et de Civry, par L.-D. COUDRAY. 3e édit. 1 vol. in-18, accompagné d'un plan . . . . . . . . . . . . . . . 80 c.

Souvenirs d'une vie militaire, politique et administrative, par le général ALLARD, ancien président au Conseil d'État. 2 forts vol. in-8°. 15 fr.

Les droits à l'avancement des officiers prisonniers de guerre, par GUSTAVE ROCA, officier démissionnaire. Broch. in-8° . . . . . . . . . . . . 50 c.

Les places fortes et les camps retranchés, par H. DAVIGNON, capitaine d'état-major. Brochure in-8°. . . . . . . . . . . . . . . . . . . 50 c.

La télégraphie appliquée à l'art militaire, par H. NAVES. 1 vol. in-12. . . . . . . . . . . 1 fr.

Le premier bataillon de la garde nationale mobile de l'Indre. 1 vol. in-12, orné d'un portrait. 1 fr.

Étude sur l'armée nouvelle, par A. DE FERRON, capitaine au 37e de ligne. 1 vol. in-8° . . . 2 fr.

L'Administration militaire et le discours de M. D'Audiffret-Pasquier, par un officier supérieur d'administration. . . . . . . . . . 75 c.

La Commune sanglante, par le comte ALFRED DE LA GUÉRONNIÈRE. 3e édit. 1 vol, in-12. . . . 3 fr.

Le même ouvrage. sur papier de Hollande. Prix : 10 fr.

Le président Bonjean, visites à Mazas sous la Commune, par CHARLES GUASCO, contenant des lettres inédites de M Bonjean. 1 joli vol. in-12. . 2 fr.

Affaire Rossel. Plaidoiries, débats, audition des témoins, suivis de documents inédits, recueillis et mis en ordre par PAUL BIZET, rédacteur du *Gaulois*. Broch. in-8°.. . . . . . . . . . . . . . . 1 fr.

Neuf mois de ponton, *paroles d'un détenu*, par ARTHUR MONNANTEUIL, ex-rédacteur du *Vengeur*. 1 vol. in-12 . . . . . . . . . . . . . . . 1 fr.

Le Coup d'état de Paris, par ED. DOUAY. 1 volume in-12. . . . . . . . . . . . . . . . . . 1 fr.

Lettres d'un bon rouge aux membres de la Commune de Paris, extraites de la *Vérité* et de la *Patrie*, avril 1871, avec préface D'ARTHUR MONNANTEUIL. 1 vol. in-12. . . . . . . . . . 1 fr.

Pauvre Paris ! *Épître à M. Thiers*, poésies, par LECLERC et ALBERT SORVEM. Broch. in-8°. . . 50 c.

Mirabeau guide du républicain, par le colonel FERRER. 1 vol. in-12. . . . . . . . . . . 50 c.

Napoléon IV, *chronique de l'avenir*, par MATTHIEU (de Boulogne). 1 vol. in-12. . . . . . . . . 1 fr.

Les deux républiques. — Louis Blanc et Gambetta, par EDMOND DOUAY. 1 vol. in-12. . . 1 fr.

Les nouveaux châtiments, par JULIUS. 1 volume in-12.. . . . . . . . . . . . . . . . . 1 fr.

Manuel du vrai républicain, par l'abbé Z***. Broch. in-12. . . . . . . . . . . . . 50 c.

www.ingramcontent.com/pod-product-compliance
Ingram Content Group UK Ltd.
Pitfield, Milton Keynes, MK11 3LW, UK
UKHW021041230726
13926UKWH00004B/1594